Cool Memories : 1980-1985

棱镜精装人文译丛
主编 张一兵 周宪

冷记忆 1980-1985

Cool Memories : 1980-1985

(法)让·波德里亚 著 张新木 李万文 译

Jean Baudrillard

南京大学出版社

图书在版编目(CIP)数据

冷记忆:1980~1985/(法)波德里亚(Baudrillard, J.)著;
张新木,李万文译. —南京:南京大学出版社,2012.8(2021.7重印)
(棱镜精装人文译丛)
ISBN 978-7-305-10311-7

Ⅰ.①冷… Ⅱ.①波…②张…③李… Ⅲ.①波德里亚,J.
(1929—2007)-哲学思想 Ⅳ.①B565.6

中国版本图书馆 CIP 数据核字(2012)第 162176 号

Cool memories
de Jean Baudrillard
Copyright © Editions Galilée 1987
Simplified Chinese edition copyright © 2007 Nanjing University Press
Through Garance Sun Agent Littéraire
All rights reserved

江苏省版权局著作权合同登记 图字:10-2007-076 号

出版发行	南京大学出版社
社　　址	南京市汉口路22号　邮　编　210093
网　　址	http://www.NjupCo.com
出 版 人	金鑫荣
丛 书 名	棱镜精装人文译丛
书　　名	**冷记忆:1980—1985**
作　　者	(法)让·波德里亚
译　　者	张新木　李万文
责任编辑	陈蕴敏
照　　排	南京紫藤制版印务中心
印　　刷	江苏凤凰盐城印刷有限公司
开　　本	787×960　1/32　印张 12.125　字数 182 千
版　　次	2012 年 8 月第 1 版　2021 年 7 月第 4 次印刷
ISBN	978-7-305-10311-7
定　　价	65.00 元
发行热线	025-83594756
电子邮箱	Press@NjupCo.com
	Sales@NjupCo.com(市场部)

* 版权所有,侵权必究
* 凡购买南大版图书,如有印装质量问题,请与所购
　图书销售部门联系调换

目　录

1980 年 10 月 ………………………………… 1

1981 年 10 月 ………………………………… 67

1982 年 10 月 ………………………………… 117

1983 年 10 月 ………………………………… 197

1984 年 10 月 ………………………………… 283

1980 年 10 月

The first day of the rest of your life.*

---

* 英语,意为:"你的生命剩余的第一天。"(本书所有注释皆为译注。)

沙漠和加利福尼亚的耀眼景致形成的最初冲击已成过去，然而理性地说，世上是否存在比之更加美丽的东西呢？这特不真实。那么，应该想到，once in my life①，我曾经见过一个最美丽的地方，今后将再也见不着。我同样会理性地想，我曾经遇到一位美丽女子，其美貌令我震惊至极，而失去她又让我伤心之至。同样类型的事件发生第二次就更让人难以置信。毕竟，这类事件的新鲜感和纯真感将消失不再。我同样也可能想到，我曾经写过一本或两本佳作，今后却永远也写不出。事情做过了，它就这样了。第二次感悟要歪曲这个不可逆转的事实，这是完全不可能的。

---

① 英语，意为"在我一生中有一次"。

我生命的剩余就从这里开始。

而剩余的就是额外赋予你的,让日后命运中的任何事物优雅地或讨厌地展开,其中不乏某种魅力和一种独特的自由。

人总是可以对自己说,生命剩余的第一天不是明天,而是后天。不是这个面孔,不是这个风景,而恰恰是日后的那一个。这样,十三点仍然是一点,而且总是那唯一的钟点。①

世界的秩序总归有其道理——这就是上帝的判决。上帝走了,却留下了他的判决。就像那只柴郡猫②,在其身后留下了它的微笑。

忧郁如同生活的欢乐,被派上同样的用场——

---

① 见法国浪漫主义诗人内瓦尔(Gérard de Nerval, 1808—1855)《阿耳忒弥斯》(Artémis)中的第一句诗:"十三点钟到了,这还是一点钟。"表示时间虽然过去,但事情又回到了原来的状态。

② 柴郡猫(Chat de Chester),英国作家刘易斯·卡罗尔(Lewis Carroll, 1832—1898)的怪异小说《爱丽丝漫游奇境》中的形象。这只猫可以随心所欲地出现或者消失,留下令人担忧的微笑。

谁又幸福地生活着呢？生灵和事物一样，自然都会衰竭，只有通过超凡的努力才会出现些许幸福。在这种努力中，正好出现了一个很大的用场，而这种用场更加适合于事物的退化。

存在一种对辩证法的怀旧，在本雅明和阿多诺①身上就体现了这一点。最巧妙的辩证法总是在怀旧中结束。相反，在更深层次上（在本雅明和阿多诺自己身上），隐藏着一种对体系的忧郁，一种无法医治的忧郁，它对辩证法具有耐药性。如今，在经历了各种讽刺性透明的形式后，占据上风的正是这种忧郁。

真相就是人们必须尽快摆脱的东西，必须将它传染给别人。就像疾病一样，这是治愈疾病的唯一方法。谁保留着真相，谁就是输家。

---

① 阿多诺（Theodor Wiesengrund Adorno，1903—1969），德国哲学家，法兰克福学派主要代表人物，著有《否定辩证法》、《美学理论》等。

无论如何,我们注定要处在社会的昏迷中,政治的昏迷中,历史的昏迷中。我们注定要走向麻醉性消亡,在麻醉状态中衰落。那么,我们宁愿感受自身的死亡,在恐怖主义的阴影下痉挛,也不情愿像灵媒虚物那样消失;即使是接种免疫了,也将不会有人回顾它们,给自己制造恐怖。

人们从来不知道被什么东西所诱惑。有一点是肯定的,那就是这一切都是命中注定。没有一种感情能带来这般的真切。某种东西奉献给了你,一蹴而就,不得申诉——让你忘却可恶的心理的工作。我们被迫从事这个工作,比从事社会工作更加肯定,你还必须活着进入完全的宽恕。

在一部黄色影片的拍摄中,一位姑娘应付着所有的造型,面部表情却毫无变化——金黄的头发,围着黑色丝绒围脖。她那无动于衷的表情特具诱惑力。

在纵欲欢乐中,一个男人贴着那个女人的耳朵低声问:What are you doing after the orgy?①

神秘的并不是那个诱惑的形象,而是被自己的欲望或被自己的形象所折磨的主体的形象。

死亡也会因自己的不在场而光彩夺目。

一种神奇而又迷人的运动性,一种空间的敏捷动作:猫。

任何诱惑都是猫一般地轻盈。就好像外表开始自己运作起来,不费力气就能前后连贯。

外表的轻盈。那里不会爆发任何事情,一切都会前后连贯。因为轻盈就是身体和运动之间的最佳连贯。

---

① 英语,意为:"纵乐之后你将做什么?"

与其喜欢享受性欲的女人,还不如喜欢那些假装享受快感的女人。后者在快乐的游戏中保持着一定的距离,保持着某种贞操,因为她们会对强奸献殷勤。

深度也不再是以前的深度。如果说 19 世纪见证了一个长期的工作,即为了获得意义而毁坏了外表,那么 20 世纪紧随其后的,则是对意义的同样巨大的毁灭工作……对什么有利呢? 我们不再享受外表,也不再享受意义。

拉康①说得有道理:语言并不指示意义,它就在那里,处在意义的位置上。而由此得出的结论是:这不是结构的效应,而是诱惑的结果。并不是有一条规约能指游戏的法则,而是有一条安排外表游戏的规则。然而这一切也许说的是一码事。

---

① 拉康(Jacques Lacan, 1901—1981),法国精神病医生和精神分析学家。

当事物达到如此清晰的顶峰时,即达到可以自行解决的地步时,那么它就突然变得难以理解,难以把握了。

有些文化只是对其起源充满想象,而对其终结却毫无想象。

还有一些文化被萦绕在这两种想象之间。

另外两种形象的情况是可能的:一种是只对其终结具有想象——我们的文化;另一种则是既非起源的想象也非终结的想象——正在到来的文化。

革命,包括欲望的革命,它不会宽恕那些视革命为已经完成的人,倒是会原谅那些与革命作斗争的人。因此,并不是**革命**把我变成一个女人。此时此地,我应该热切地支持女人性(féminité)的立场。然而在女权主义者看来,这么做是不可饶恕的。因为这种立场在导致梦寐以求的整个女人性中,要比妇女的立场更为女性化。

在我们之间现行的性别混乱中,保持自己的性别几乎是一个奇迹(爱弥儿①)。

有一些女人像是历史的事件:她们像事件一样,第一次在我们的生命中产生,而她们又拥有二次生存的权利,如同一出闹剧。诱惑的事件,心理的闹剧。激情的事件,丧事的闹剧。

幸亏也有相反的情况。你可能有过二次生存的机会,曾经生活在你所认识的那些女人的精神中,但这是忧伤的闹剧。

只需一个区别,只需一个充满无意识仇恨的词,便知道这已经结束。然而,必须完成整个过程,并进行到底,包括所有的爱情突变和心理曲折。这一切没有其他的意义,只能将决裂的闪电般意义带给第一瞬间。

这就是我们心理的悲怆:起初,一切都在那里,在一个表情里,在一个手势里,然后却要竭尽其中

---

① 见卢梭(Jean-Jacques Rousseau, 1712—1778)的《爱弥儿》(或译《论教育》)。

的后果。但是,这段故事并不能改变其中的任何东西。这一切只能给众神提供时间的景观。当从前的事情进展正常并草草完成时,心理仅仅是一种话语的痉挛。

哲学、心理学与他人同时死亡,与他人的欲望同时死亡。只有其概念的空白符号仍在精神拟像的天空中闪光,在我们大都市那啪嗒学①的舒适天空中闪闪发光。

乌尔比诺,古比奥,芒杜②。

这些低矮的门很美,它们通向一连串的大厅;从连串的大厅到纵向深处,一律是规整的长方形。强烈的色情味,源于这个建筑的几何和等级规则。从一个房间走向另一个房间,空间的转换颇具色情味。虽然没有性,但从诱惑的理想性中透出一种性

---

① 啪嗒学('pataphysique):法国作家阿尔弗雷德·雅里(Alfred Jarry,1873—1907)创造的一个概念,以嘲弄和荒诞的方式讽刺现代科学的理论与方法。1948 年啪嗒学院成立,波德里亚亦是成员之一,并于 2001 年被授予总督(Satrape)头衔。
② 乌尔比诺(Urbino)、古比奥(Gubbio)、芒杜(Mantoue),意大利的三座城市。

别差异,一种事物二元性的巧妙的和美学的昭示,在性的摩尼教①式暴力闯入之前,这是一种革新,一种惊喜。

真实在今天不再害怕它的复体(罗塞②):它只受到自身愚蠢行为的威胁。

捐赠(过分道德化,过分基督化)

开销(过分浪漫,过分出格,过分美学化)

欲望(过分强劲,过分压抑,过分解放)

债务(什么都不能赎买——过分宗教化)

所有革命性分析的空想都围绕着上述四个"概念"③展开,并且相互印证。

还有一些更为自相矛盾的异端邪说。如主权

---

① 摩尼教(manichéisme),发源于古代波斯的一种宗教,建立在严格的善恶二元对立的基础上。
② 克莱芒·罗塞(Clément Rosset, 1939—),法国当代哲学家。著有《真实及其复体》(Le Réel et son double)。
③ 这四个概念(Don, Dépense, Désir, Dette)在法语中都以字母"D"开始,"上帝"(Dieu)这个词也以字母"D"开始,作者似以此隐喻这些概念的宗教色彩。

(巴塔耶①),残酷(阿尔托②),拟像(克洛索夫斯基③)等。诱惑。

这是阿兹特克④神话之美:众神通过自身的死亡——孕育了光明、星星、天空、大地和众生。

正像瓜拉奇人⑤大迁徙,在近乎自杀性的狂热中,将过剩的人口带向大洋的边界,让他们在那里消失。这样,分析也将众多概念带向绝对可逆性的临界点,直至海洋形式的解决方式,其令人眩晕的隐语特性将这些概念吸收干净。

---

① 乔治·巴塔耶(Georges Bataille,1897—1962),法国评论家、思想家与作家。他博学多识,思想庞杂,作品涉及哲学、伦理学、神学、文学等一切领域禁区,颇具反叛精神。作品有《文学与痛苦》、《被诅咒的部分》等。
② 安托南·阿尔托(Antonin Artaud, 1896—1948),法国戏剧理论家、演员及诗人。法国反戏剧理论的创始人,其内心历险和"残酷戏剧"的构想深刻影响了现代文学。
③ 皮埃尔·克洛索夫斯基(Pierre Klossowski, 1905—2001),法国作家。他出生于巴黎的一个波兰裔贵族家庭,后来成为著名的超现实主义小说家、批评家兼画家。
④ 阿兹特克人(Aztèque),美洲印第安部族,主要生活在墨西哥境内。14—16世纪,阿兹特克文明为美洲最发达的文明之一。
⑤ 瓜拉奇人(Guaraki),南美巴拉圭境内的印第安人。

热切的和温柔的和巧妙的：做爱前的身体。
清新的和温柔的和柔顺的：诱惑的肉体。
运动的和强烈的和玄学的：面孔的形状。
柔软的和疲乏的和巧妙的：做爱后的身体。

原先是极地的和轴心的，现在变成轨道的和核心的

原先是历史的和遗传的，现在变成策略的和传媒的

原先是透视的和关联的，现在变成触觉的和衰退的

原先是结果的和原因的，现在变成随机的

等等，等等……

分析属于意义冻结的巨大程序的一部分。面对理论在其剖析与透明化操作中的联合，理论的竞争完全是次要的。无论分析什么，无论以什么方式分析，都有助于荒漠形式和冷漠形式的旋进运动。

幸运的是，愚蠢成了参照项（référent）的庇护

地,也是意义的坚不可摧的避难所。不幸的是,就连这个根本的愚蠢本身也仅仅是一个化石的怪物。谁相信意义,谁就会因意义而死,或被埋没在表象的讽刺中。

设想一次聚会,每个人将他认识的最愚蠢的人带来参加。谁做出最愚蠢的事,谁就将获胜。一场冒险的赌博。因为蠢事永远是不确定的。一个聪明人在晚会上说出一句蠢话,一个愚笨的人做出一个明智之举,或保持缄默,这也不是没有可能。这样反倒让带他来的人置于一种滑稽的角色中。那个把别人带来的人不再是人们想象的那个人。智慧将对愚蠢进行思考,从而忘记了这一点,即任何品质走到极端,都会走向其反面。就像剪刀、纸页和纸张①的游戏,总是循环地将优势带到劣势的位置。当愚蠢被提升到 X 次方时,它将挫败智慧,给智慧以恰当的打击。愚蠢本来是被人召唤来充当镜子的,这时却变得很有诱惑力,而聪慧却变得令人不悦。

---

① 相当于中国"石头、剪刀、布"的游戏,最高的总是能被最低的压倒。

白血病,即白血球迅速增生而毁坏红血球,这是一种普遍的疾病。白色也是如此:在白色光线下,各种颜色在光谱里中和;在我们白色文化的缺乏中,装饰打扮、人造假象和强烈诱惑也被中和掉。这种文化的普遍性就像丧事颜色的普遍性。作为白雪或食盐的颜色,它是那么漂亮;而作为白血病中血的颜色,失音症后声音的音色,感觉器官丧失功能后恐惧的颜色,白色是致命的——种族肤色区别的结束,可操作性的一片空白。

如果我们关注一下技术那模糊的本质,那么我们就会发现秘密的星座结构,发现秘密的星体运动(海德格尔)。

这已经不再是觊觎我们的歇斯底里,也不是精神分裂症,甚至不是妄想症(尽管从逻辑上讲,妄想症还会在未来的岁月里更多地影响我们),而是忧郁症,它在或长或短的时间里还会给我们造成危害。伴随它的先兆,那就是疑病症,身体和器官上的这一可笑特征。这些身体和器官因衰退而过度投入,神经紧张,并且充满忧伤。所有的体系,尤其是政治体系,都有可能患上疑病症:它们管理并消化自己死亡的器官。

与激情相反的状态,那就是恢复期。我们现在处于性的恢复期——每个人都很想诱惑别人,但他事先就被性欲的后果弄得筋疲力尽。诱惑成了唯一的生命强度,而性欲却让人受累,它只是一笔快乐的奖金。

她坐上另一架飞机去了法兰克福。现代化的过境形式创造了闻所未闻的机遇,但又立即以相同的方式破坏这些机遇。大众媒体告知我们信息,而机场却使我们分离。

的里雅斯特①——欧洲的虚无主义在这里具有秋天葡萄园的魅力。葡萄园面对着大海,在南风的吹拂下,将喀斯特的矶石伸向大海。远处,炼油厂在闪闪发光,如同最终解决方案②。若干个概念极其变化无常,因此无法长时间萦绕现实,只能在大海的浪尖上翻滚,在大海的嘲讽性透明中翻转。

女人的手令人感动,炽热炙人,却又脆弱无比。从象征角度看,它们比性更加明显,更加白皙。手和头发。一个女人已经将她的媚眼送给了一个男人,但当这个男人说她的手比她的媚眼更加迷人时,女人是否会砍下她的手送给这个男人呢?

无表情的手,半透明的手,相互嫉妒的女人的手。

---

① 的里雅斯特(Trieste),意大利城市。在第一次世界大战之前属于奥匈帝国,一战以后,的里雅斯特被划给了战胜国意大利。二战中又被德国人和奥地利拿了回去。二战后,盟军及苏军将的里雅斯特一分为二。直到1954年,美军才将自己占领的部分交给意大利,苏军部分交给了前南斯拉夫,现在属于斯洛文尼亚。
② 最终解决方案(Solution finale),指纳粹德国在第二次世界大战期间推行的最终消灭犹太民族的政策。这里将炼油厂的装置暗示为纳粹集中营中的毒气室。

外表与清新一样,也是一种激情。存在一种对真相的困扰,却也有一种对外表的激情。因此,外表是一种仪式的行为,从来就不是思想的行为。然而,智慧却是思想的诱惑形式,就像秘密是真相的诱惑形式一样。

与生产方式紧密相连的激情就是嫉妒:上帝嫉妒现实,嫉妒外表,嫉妒意义,嫉妒阐释,看守嫉妒财富和交易。不过,这也是一些对其意义怀有嫉妒心的思想,一些对其美貌怀有嫉妒心的女人,一些对其生存怀有嫉妒心的遇难者,一些相互嫉妒的概念。

没有任何东西可与这种仪式性固执相比拟,装饰中的树林、一天中的光线、不断循环中的风和死亡都是如此。安静的细微激情。思想仅仅是一个自相矛盾的分支。

有两种决裂的方式:一种是疏远,另一种是过分亲近。承担的决裂,魅力的决裂。这种亲近久而久之,在穿越数千公里沙漠的过程中,会变得和犯罪一样让人难以忍受。实际上,某些事情确实就是如此。

当雪以异乎寻常的缓慢速度落下时,死亡的道理似乎就比活着的道理更加巧妙。但活着的道理或许更多。

只有这样的女人讨人喜爱:她们的面孔接近于无限,触摸时其特征变得越来越明显,每个特征都激发人的无尽爱抚。这是让感官的激动沉沦的幻影,在对千万个纯粹符号的凝视中,整个性爱都被概括在一种赞美效应中。

只有这样的理论最为诱人:理论的概念无止境地衰退,消失在越来越极端的特征中,每个特征都适合于无止境的悖论,直到概念的惯性点。这是让概念的激动沉沦的惯性点,在发现了千万个纯粹符号后,在发现了符号消失的激情时,概念的激动将沉溺于其中。

奇爱博士①理应让我们放心：核冲突的发生如此难以置信，可以想象只有疯子才会发起这种冲突。这是一个信号，即我们的想象还没到达如此的地步。而现实离此则更为遥远。

关于核威胁，该说的都说了。但并未发生过任何事。"我们的潜艇达到无懈可击的程度，我们的敌人对此非常清楚，如此云云。"任何事都将永远不会发生。这是无足轻重的恐怖体系。但是，我们却处在这种潜在毁灭的玻璃罩下。我们被永远不会发生这个事实折磨得筋疲力尽。最终的悬念，就是我们暂时的永恒。

如果说在其他时期，最佳策略就是积累异化的后果，那么如今，最有把握的是要积累冷漠的后果。创建一个冷漠的极点，期待在它周围出现强大的吸收程序或诱导程序。

---

① 奇爱博士(Folamour，英文为 Dr. Strangelove)，导演斯坦利·库布力克(Stanley Kubrick)1964 年拍摄的同名电影的主人公。影片以黑色幽默讽刺了冷战时期荒谬的国际政局。

根据爱伦·坡(Edgar Allan Poe)神奇的旋涡图解,需要开挖一个深渊,让反向能量以不同落差堕入其中。

或者还可以这么做:仅仅成为一个全息影像的幽灵,一种激光的形态——这就更容易让它无声无息地消失,不引起别人的注意,让他人去经受真实的煎熬。

因为死亡不起任何作用,必须学会消失。

在近处观看人的脸部特征,这和仰望摩天大楼一样,会令人头晕目眩。这是变形影像引起的眩晕。这是光滑的面颊或嘴唇的美,平滑得就像沙漠,只有从下往上看一座摩天大楼,好像它是一个倒挂的峡谷时,才具有同样的美感。

民主,这是西方社会的更年期,是社会肌体的**伟大更年期**。而法西斯主义则是西方社会的中年恶魔①。

当一切都朝着想象潜力的第二状态（état second）衰退的时候，人们还在梦想着一些最终解决法；当我们身上的所有压力分解在阈下状态中时，剩下的就是要找到惯性点，并通过毁灭使一切标准化。

真正的人造卫星，就是那个漂浮着的货币团块，在圆形轨道上环绕着地球运转。货币变成了纯粹的人造制品，具有恒星的运动性，具有瞬间的兑换性，最终找到了自己真正的位置，比证券交易所还要奇特：那就是轨道，货币像人造太阳，每天在轨道上升起降落。

---

① 中年恶魔（Le démon de midi），典出《旧约·诗篇》91：6："也不怕黑夜行的瘟疫，或是午间灭人的毒病。"后引申为临近中年时面临的淫逸或不忠的诱惑。

黑人,这是对白人的嘲弄。神奇的阿明·达达①,俨然一副胜利者的形象,由四位英国外交官举起欢呼胜利,并受到教皇的接见。神奇的博卡萨②,一边吃着黑人儿童,一边又让西方的达官显贵披满钻石。在非洲,权力的概念从来就没有被如此残酷地丑化过。西方世界还需付出很大的努力,以清除这一代猴子般的专制君主,平庸的暴君,他们是丛林法则的世界和意识形态的光明价值畸形杂交的品种。

让我们记住那些"疯狂仙师"③,在他们那未开化的丛林中,那些流氓工薪族晚上回到森林,灵媒附体,像癫痫病人流着口水,模仿着阿比让④的白人雇员,白人长官,甚至火车头! 所有人都是博卡萨,

---

① 阿明·达达(Idi Amin Dada,约 1925—2003),乌干达前军事独裁者。他在西方国家的支持下通过政变上台,自任总统(1971—1979 在位);后因残酷镇压人民而众叛亲离,被称为"吃人暴君";最后被坦桑尼亚军队和反政府武装赶下台,逃亡利比亚,病死于沙特。
② 博卡萨(Bokassa,1921—1996),中非前总统。1966 年在法国扶持下,经政变上台,自任总统、总理,1976 年自封为中非皇帝。在任期间生活腐化奢侈,吃过儿童的肉,也是"食人暴君"。1979 年被赶下台,1987 年被判处死刑,后病死于法国。
③ "疯狂仙师"(Les Maîtres fous)这一名称出自法国导演、人类学家让·鲁什(Jean Rouch)拍摄于 1955 年的同名纪录片,该片记录了加纳首都阿克拉(Accra)流行于贫苦移民中的豪卡(Hauka)崇拜的通灵仪式。
④ 阿比让(Abidjan),科特迪瓦(Côte d'Ivoire,原名"象牙海岸")最大的城市和经济首都。

所有人都是阿明·达达。太离奇了！这个大陆没有任何希望。所有和平组织都会葬送于此。嘲讽的威力,非洲自身的"真实性"引起的对非洲的蔑视。

政治家和权力本身都是卑贱的,因为他们仅仅体现了人们对自己生活的深刻蔑视。他们的卑贱是被统治者的卑贱的写照,后者从中发现了某种摆脱卑贱的方法。应该感谢政治家承担了权力的卑贱,从而让其他人摆脱了这种卑贱。权力的卑贱会扼杀政治家,但是,他会通过将权力的尸体传染给他人而为自己复仇。这个古老的遗传功能从来就没有人否认。

有人宣称,非洲合众国在非洲中心地带设立了一个人种学家自然保护区。这些专家受到很好的保护,被保存在理想的存活生态条件中,他们能够像在自己国家那样,定时得到饮食。自然保护区内禁止任何非洲人进入,无论是以慈善的名义、科学的名义或以野蛮的方式都不行,主要是担心破坏这个部落的自然平衡,或是害怕危害其脆弱的繁衍生息。非洲国家政府保证,它们将调动一切因素,集体保护这个濒临灭绝的人种:最主要的是让这个人种与外面世界彻底地分开。在这条道路上的第一次尝试,那就是从前发生在乍得人身上的事,法国政府花费巨资,在乍得留住了一位人类学家克洛斯特女士①。法国政府将她从白人的魔爪下解救出来,因为这些白人本来想让她献身于科学卖淫。不久,因这个偶然事件,所有的西方人种学家都躲避到了非洲自然保护区。在那里,他们终于有空闲时间来专心观察唯一与其名称相符的人种,即他们自己。与此相反,在他们走近保护区的时候,热带草原的所有动物都跑光了,它们躲到了城市的动物园里。而非洲人自己也从这种差事中退了出来,生怕被那些很快变成食人生番的人种学家吞食掉。

感人的时刻就是那一刻,即一个女子脱下她的皮鞋,突然在你面前缩小。她神奇地变得很小,而

---

① 指法国人类学家及考古学家弗朗索瓦丝·克洛斯特(Françoise Claustre,1937—2006)。1974年,她被一伙乍得叛乱者绑架至撒哈拉沙漠中部的提贝斯提高地(Tibesti),直至1977年才被释放。

且她的脸也同时在改变。她开始了她最具诱惑力的亲密关系。

残酷的不同层次。

一架道格拉斯10型客机在埃赫姆农维尔森林①坠落。350名乘客被炸成12000块碎片。这种事在其他公司也经历过,其方式有所不同,偶然性少一些,而血腥味浓一些。我们的残酷,即让我们区别于其他残酷的一点就在于,我们将这些碎片收集起来,交由计算机处理,以便辨别死者的身份。有的是为了遗产,有的出于保险手续,但是也有比这更重要的,那就是为了尸体复原的强迫性目的。

这种事,即使用接合工艺来复原致命技术的损伤,这就是我们的特色。重新收集埃赫姆农维尔的尸体碎片,这与在实验室修补拉美西斯二世②的木乃伊的程序一样。

---

① 埃赫姆农维尔森林(Ermenonville),位于法国巴黎东北郊。1974年3月3日,一架道格拉斯10型客机在此坠毁,机上346名乘客全部遇难。
② 拉美西斯二世(Ramsès II,约公元前1300—前1213),古埃及第十九王朝法老。

我们的残酷与前几个世纪的残酷正好相反。这是以客观性擦去血迹与暴行的残酷。是白色的残酷,程序式的残酷,抹掉血迹的残酷,相当于在剥夺感官知觉的单人牢房里所受的白色酷刑①。

最佳的体力训练和智力训练:到一个陌生的城市作长途旅行,在某种光线里。这是秘密的流动,被大城市败坏了的符号的纯洁,建筑的惊喜,劳累疲倦,处于警报中的感官,由于走路变轻了的身体,还有第二状态,即所有直觉功能在其中很快发挥作用的第二状态。在一座城市出现的过程中抓住它,即在它还没有登上舞台之前就抓住它,让这里的人群浮动着,让他们的语言,即外人熟悉的语言浮动着……然后,各种标志苏醒过来,感官复活,到处是碎片。但是,这种出现本身就令人回味无穷。然而,这就是终结。疲倦战胜了第二状态。

---

① 白色酷刑(la torture blanche):心理酷刑的一种,方法是剥夺犯人的感官知觉,将其完全隔离。长此以往,犯人可能丧失对其个人身份的认知。

对于火的妄想症
对于土的强迫症
对于水的精神分裂症
对于风的歇斯底里症
所有的精神仪式都有一种不可分割的形式。

微弱的愿望仅仅是意志的征兆,即一个神经质的世界仅存的东西。

我们不再处于意志的时代,而是处于愿望微弱的时代

我们不再处于混乱的时代,而是处于古怪异常的时代

我们不再处于事件的时代,而是处于不测之事的时代

我们不再处于美德的时代,而是处于虚拟现实的时代

我们不再处于强权的时代,而是处于潜在力量的时代

等等,等等。

对速度的宽容——对敏捷的快速的超现代化的速度的宽容,快速地穿越北方那灾难的煤烟色平原。在那里,在中心,出现了一个悬而未决的决定,一个生命攸关却无法作出的决定。况且,所有的决定都是悬而未决的,所有的微弱愿望都堆积在天穹上。那是一些处于受难中的不同生命,那是一些自相矛盾的女性生命。这一切都无法解决,但列车的轻柔运动还能赋予某种魅力。道岔就是我们的形象,道岔的心脏加强着铁道上那讽刺性轨道的温柔。

在一个超可见的世界里,在超真实、透明和可操作的世界里,无需其他东西,只要依靠安静的效率即可。

没有比这更美的东西,即通过镜像将你与她分开的一位女子。这个镜像是她自己对世界的歇斯底里的思考,也是她拒绝爱抚的镜像,你也用这个镜像从精神上折磨她。这是她在不知不觉中准备的杀人镜像。在这个包裹着她的镜像面前,在死亡那银光闪闪的光环面前,我们必须耐心地等待,永久地等待。有一天,镜像松动了,就像裙子一样滑到你的脚边,在你面前只剩下歇斯底里的灰烬,在精神上屈服于你的一位女子的遗物。

有些目光活该承受所有未来的不幸,有些未来则比从前所有的生活价值更高。当整夜留下的那个女人让你穿越这个城市时,感觉就是如此。

向弗洛伊德致敬:他是让快乐变成一个原则的人。

向拉康致敬:他是让镜像成为一个阶段的人。

《启示录》[①]的作者是一些很有条理的人,他们不去询问反基督者本身,而是在相互之间不断通信。

---

① 指《圣经·新约》中的《启示录》(Apocalypse).

巴勒莫①。

在这个城市开车,人们依据的是残酷的舞蹈仪式,挑衅性的、动物般的舞蹈仪式。这是一种自杀式的致命极限的挑战,不过动作的省略却挽救了游戏规则。动物之间为了统领种群而相互争斗,但并不杀死对方。这是艰难驾驶的暴力修辞学,也是这个城市的舞台戏剧,它们均来自这种对死亡的持续规避。

这种古老的仪式,它将所有现代技术卷进了一个永不停止的旋风(清晨三点钟,许多汽车还发疯般地急驶在建筑物几何中)。高大的榕树,酷似大洪水前那根茎发达的红树,像科幻小说中的祖先那样,六个世纪以来一直看守着这种古代仪式。这些根茎树种有的像爬行动物,有的像动物内脏,有的像带触手的矿物;根茎中的树汁在钟乳石般的树枝网中循环流动,树枝又落到地上,并在那里扎根——不断生长的树种。没有任何动物或植物值得这种野蛮的热爱,值得让这个城市怪异地扎根于这个死亡的文化中。

---

① 巴勒莫(Palerme),意大利西西里岛首府。

在原始事件中有某些愚蠢的成分,而命运,如果存在命运的话,对此不可能没有感觉。在明显事实和真理中也有某些愚蠢的东西,其高级的嘲讽不能不对我们有所宽恕。因此,在某种意义上,一切都是相互抵消的。遗忘或丧事仅仅是可逆性所必需的一小段时间。

穿衣的女人:必须观看,但禁止抚摸。

不穿衣的女人:必须抚摸,但禁止观看。

不过,这些也许正在改变。

这是生命中的条纹空间,是忧郁的光滑空间。①不再有计划,爱情计划或写作计划。剩下的只有生存计划,就像一个表层空间,从上面经过的都是见异思迁的杂乱物品,人,没有未来的所有形式。

---

① 条纹空间,光滑空间(espace strié, espace lisse),见法国哲学家德勒兹(1925—1995)的《千高原》。德勒兹认为,运动分为两种:迅速运动和缓慢运动。就数量角度而言,这两种运动并无差别,是无法计量的。慢速运动从一个点到另一个点,通过划条纹方式展现运动轨迹上每个点的坐标,形成一种划条纹的运动;而快速运动则看不出划条纹的痕迹,形成一种旋风式的光滑运动。这两种运动形成两种与它们相对应的空间:条纹空间和光滑空间。

人们可以做些漂亮的事情,其目的就是为了摆脱它们。没有傲慢,没有虚荣,仅仅是为了排斥它们:我借助行为公开抛弃我的惰性。这仅仅是一些驱魔法,我可以用它来摆脱存在的沉重物质。这么做,所出现的任何事都不会出现有用或难忘的后果。重要的在于耗尽生命,耗尽情欲,耗尽能量,竭尽记忆,否则就追悔莫及。

在任何痛苦或是快乐中,有一种尽快结束的秘密心愿,有一种对存在的绝对宽恕,哪怕是一个瞬间也好。结束得越快,宽恕就越长久。

这是夸张的视觉,小资产阶级的视觉:"我已经做了我该做的事,就饶了我吧,让我安宁吧。"也有性格特殊的视觉:"我不用负责,你的欲望跟我没关系,我可以不需要你。"还有怀旧的视觉:"存在的梦想形式是空洞的形式,因为无法预料的事时时穿越的正是这种空洞形式。"

总是和比自己年轻一代的男男女女生活在一起。没有任何年龄差异的感觉。然而,突然一下子,我发现我认识的人都到了 35 至 40 岁年纪。但我并不觉得他们与我更加亲近,反而有一种与他们相隔一代人的感觉。我想,大部分人会通过对自己孩子的投射,摆脱这种年龄差异的突然变化。

总是有这种天真的想法,认为光线、火与干旱只能在人们身上维持一些最为细腻的激情,认为除了在北方和寒冷中,沉重的外省激情永远也不该开花结果,因为这些激情与某种保守的天性相关。唉!事情并非如此,正如圣安东尼奥①所言,全世界仅仅是一个区政府②。

任何生命都有两条轨迹:一条是线性的和不可逆转的轨迹,那就是生老病死;另一条是椭圆的和

---

① 圣安东尼奥(San-Antonio,1922—2000),法国著名恐怖小说作家弗雷德里克·达尔(Frédéric Dard)的笔名。
② 区政府(sous-préfecture),法国行政区划单位。法国本土分为 22 个大区,96 个省;每个省又细分为 3 到 6 个区(arrondissement),区政府管辖范围相当于中国的一个县。

可逆转的轨迹,那就是相同形象的周期性运行。这种形象的链接既不经历童年和死亡,也不经历无意识,在生命结束之后不留下任何东西。这种链接不断地穿越另一个轨迹,有时会一下抹去前一个轨道的所有痕迹。

凡事都是原始的,野蛮的,未开化的,不负责任的,农民气的,自私的,无意识的,非社会的——无参照的,无识别的,违背任何文化的,不懂任何情感的,对任何亲情都敏感的。这就是我们兽性的物质基础,我们要在这个基础上建立一种拟真的理论!这就是我们对符号和爱情游戏的无知,而在此之上居然要建立一种诱惑的理论!幸运的是,这一切可以通过复体的生命来进行,这另一个生命具有写作的性格之美。

物的至高无上性,它就建立在欲望的缺乏上,这正好与我生活中情感的消失完全吻合。没有情感的偏心,远离仁慈的汇编。激进的安息日形式。

这是新的空想,它诞生于一曲挽歌和一只招潮蟹的耦合形式,这是从电椅上看到的空想,它变格①出可疑的历代同日大事记。

只有眼睛、嘴唇、言语不能出卖,因为这些是占卜的器官。身体在以前也是可以猜测的,但如今它只给占卜提供了过分容易的解决办法。从前它也是预言家,如今它只是一种反应供求关系的肉欲形式。

人们从时间中所能期待的一切,就是它的可逆性。速度、加速度仅仅是企图逆转时间的梦想。人们希望通过加速,使时间像流体一样旋转起来。确实,线性时间和历史在退隐时给我们留下了网状和时尚的瞬间性,这是无法接受的。只留下超时性突变的轮廓——几个简短的列序,几个旋转的时刻,

---

① 变格(décliner),拉丁语、德语等语言中的语法现象,即名词随着人称和单复数变换形式,以表示该名词在句子中的功能,如主语格、宾语格、属格等。"Décliner"一词在法语中还有"衰退"、"落下"的意思。

就像物理学家在某些粒子中所观察到的那样。

只有唯一一种看待事物的方式,它能够给人以理解事物的最强烈的感觉,这是一种完全得到控制的狂热或拟真的形式。

魔方:所有思想都处于混乱之中,就像魔方体的各个小平面,从没有成功地将同一种颜色的小平面集中在一面上。艰难而又徒劳的游戏,磁性思想和交替大杂烩的美丽象征,我们就生活在其中,给我们提出的都是难解之谜,或是共时性的无聊问题。

可逆性对想象不会比梦的本质更具有敏感性,只有梦的本质永远不会沉睡。然而,我们在时间的短路形式里却体会到了这一点,人们把这种短路形式称为命中注定。在其中交换的符号瞬间变成了导体,而且不需要穿越时间的深度。某些语言的片段可以追溯语言的进程,并根据未预料到的命运撞击其他语言。这是词语的唯一命运,这是语言的宿命,说句风趣的话,这是语言中词语的最明显的可逆性。

每个女人都是超凡的,脆弱的,不可抗拒的,不道德的,光彩夺目的,难以满足的。然而,这一切,无论她是美还是丑,她都从不直截了当。这恰好是相反外表的曲折方式,对于这种外表,还须将它与致命虚荣的日常命运协调起来。

性别的任何差异也许就在对形式抽象的激情中,在为它而死的可能性中,即使是由女人来体现亦然。这种差异不大可能处于对一个奇特之人的激情中。

无论我们曾经梦见过的是什么女人,情况都是这样,包括将我们带向女人享受的奇迹。因为女人具备这一切,勇敢、激情、爱的能力、狡诈等,而在我们心里,想象只是能天真地聚集起勇气的幻想。

．

我们变得像一群猫,具有令人发笑的寄生性,具有一种冷漠的奴才气。在社会性中一切都很热烈,而我们的历史激情却屈服于人为的虚情假意的光芒中,我们半闭半开的眼睛只会窥视电视画面那平静的列队。

死亡算不得什么,必须学会消失。

死亡隶属于生物的偶然性,它并不是一项事务。消失隶属于更高的必要性。不应该将对消失的控制交给生物学。消失,就是要进入一个神秘的状态,它既不是生命,也不是死亡。有些野兽善于此道,有些野蛮人也是这样,他们可以在同类面前活生生地消失掉。

日本人在女人大腿上文身,虽然很美,但一般是看不见的,只有在醉酒和做爱时才会显露出来。女人身上刺上了她受奴役的客观记号(文身刺的是情人名字的首个假名)。但反过来,对于那个情人来说,这也是一种莫大的奴役:他被迫去激起女方的性情,并且给她带来性快感,否则,她会拒绝刺上他名字的首个假名。激情的游戏变得更加困难。而对一个陌生的和恰巧选中的情夫来说,在做爱时看到自己的名字出现在情妇的身上,那是何等的狂喜!

当任何事物都不能令你感动时,就要找到一个替代激情的符号。

当不再有重大的利害得失时,就要找到一个替代必要性的规则。

我玩弄过激情,我玩弄过温柔
我玩弄过分手,我玩弄过伤心
我竭尽所能来表达伤心,就像从前,我曾经竭尽所能来表现诱惑的外表。有时我甚至这么想,我所做的从来就是只给思想提供一个表象。然而,在一个没有出路的投机世界里,这也就是我们唯一的出路了:制造表达思想的最成功的符号。

或者在一个没有出路的情感世界里,制造表现一种激情的最成功的符号。

而在我的眼皮底下,还保留着她含情脉脉的裸体的全息影像。

只有事物的曲折性才能让人记忆犹新,但是,这种曲折性从来不会出现在你的面前。确实存在两种思辨的形式,其中一种禁止任何形式的记忆和客观意义。

所有物品、地点、面孔,正因为它们是我们的一部分,所以也就强化了我们的孤独,而且我们还得被迫喜欢它们,因为它们没有别的继承者。它们在我们身上退化,我们也在它们身上退化:它们在我们周围制造出日常性的光学幻觉。它们充其量也只能像镜子那样,将我们生活的对称性颠倒过来。

所有的景观都已经跨越了惊讶的墙壁,这已经有相当长的时间了。还有什么比这种军队的训练更为滑稽?三十年来,这支部队就在当地,在这个空无战事的地方进行训练。这是拟真的完美范例,是一个种群的真实模型,它已经到达无用功能的完美形式,并且想象着要虚拟地破坏这个模型得花许多钱(此外,这完全是不太可能的)。

所有的局部旋律都被持续的低音所吞没,在这个低音中,有一种冲动在增强,那是心脏的冲动,是近乎晕厥的心脏冲动。在斜视了一眼他们的感情之后,现在的人们都在伺机抓取他们内心的声音,他们身体的声音,就像磁带上持续不断的梆梆鼓声。

"报仇吗?复仇吗?什么都不会失去。该来的总会自己到来,准时到来,人们不会为其所乱。报仇只会把事情弄得更乱。"(卡内蒂)①

---

① 语出艾利亚斯·卡内蒂(Elias Canetti, 1905—1994)的格言体散文《人的领域》(Le Territoire de l'homme)。卡内蒂,奥地利及英国籍德语作家、剧作家,1981年获诺贝尔文学奖。作品有《群众与权力》、《虚荣的喜剧》、《婚礼》、自传三部曲(《得救的语言》、《耳中火炬》、《眼睛游戏》)及长篇小说《迷惘》等。

激情也一样:生灵和物品的吸引,它们那强大的物质性倾慕都是不可抗拒的,使得激情只会把事情弄糟。那真相呢?真相本身只会使精神活动复杂化。

我对符号的非物质性感到很陌生,就像对待农民种族那样,他们那强迫症的道德,身心的压力,对真实那种愚昧的和祖传的信仰,我都有同感。事实上,我和他们是一类人。

拟真的假设仅仅是极端的立场。诱惑的假设仅仅是形式的抽象,萦绕在我心头的是诱惑的幽灵——而剩下的,就是我成功地让人诱惑。事情就是这样:所有这一切只是道德的激情,毁灭的激情。

诱人的修道士所梦想的,就是在符号与真实之间保持一种摩尼教式的紧张状态,作为道德的最高形式。唯一的和时而出现的,也只有那突如其来的和假设的连接……甚至在这时,他也抓不住这种有力地解决问题的美妙手法。

信教和迷恋所对抗的首先是相信的不可能性,

是符号。将世界当作符号来消灭,使它成为一个信仰的对象。

人类感情强烈,动物安静不动,天空灰暗又光明。田园式欺诈和贫困之乡。在那里,大海夜间发出的声音也与西方不同,在那里,庆典被置于月亮的符号下——月亮的乳白就好比伊斯兰教那阳刚而痛苦的理想特性。

动物将游牧生活维持在被驯服身份的中心。动物成千上万地生活在荒芜的沙丘上,固定在荒凉的牧场里。然而它们不知道还有边界,它们的天地就是广袤的不毛之地和头领等级,正是它们在调节着人类的天地。

一个没有了动物空间的天地,一个没有了动物那奴隶式调节的天地,它就永远不再是同一个天地。在欧洲,我们已经很长时间不知道有这个天地了。必须有一个半沙漠的空间,既没有产权界线,也没有分界线。通过对所有的空间进行划分成片,我们才得以摆脱沙漠以及等级式奴役。这种等级式奴役是可敬的非人类等级制,它站在非人类的立场上发号施令,这是星宿或动物神的戒律,是星座或无形象神灵的戒律。这是一幅巨大的画卷,是无形象神灵的画卷:它与我们现代的偶像崇拜截然相反。

神灵只能寄居和隐藏在牲畜身上,安身于清静的地域内,存在于客观的痴呆中。它不能安身于人的天地里,人的范围是主观痴呆的范围,是语言以及心理学的范畴。**凡人式的上帝**是一种荒诞。这个神灵,他会扔掉非人类的讽刺性面具,从牲畜的隐喻中走出来,即从他默默体现着邪恶本原的隐喻中走出来,给自己一个灵魂和一张面孔,同时具有人类那虚伪的心理。神灵也应该像牲口那样,能够从一个牧场走向另一个牧场。土地划分是禁止他们移动的唯一方法。

她沉重地喘着大气,那失眠的嘴巴,皲裂的嘴唇,活像一个歇斯底里的女人。那尴尬的性事,就像那些不生育的女人,还有那种忧郁,无法避免的忧郁。如不忏悔,人们会给她什么呢?既不是上帝,也不是快乐——也许是一种优雅,猫科动物在防御时那凶暴的优雅,猫爪在伸缩时的优雅,手指下特别柔软的鸡皮疙瘩的优雅,脆弱骨骼那无防备的优雅。对她来说,任何人都将爱莫能助,无法保护她。但她这种整个的脆弱性就是一种爱抚,她的收缩性就是武器,而她的身体,变得柔弱而又狡猾的整个身体,就是为了诱惑你。

我将那种女人称作贱货,她能够从你手中完全逃脱,或是出于纯粹的倒错,即没有爱欲的必要,或是出于从你手中溜掉的纯粹欲望。女人成为贱货,倒不是因为她们身体和精神的卖淫,而是她们在不在场时具有那种歇斯底里的吸收能力。我承认并且欣赏这种逃避能力,而这种能力,人们只会将它赋予那些不了解价值判断障碍的生灵。

男性呢,他却因为复杂的表现机制而变得脆弱。他没有这种突然收缩和绝对收缩的能力——他必须摆脱他的形象。而女人呢,她却能够通过纯粹的条件反射或计谋,自我转变成一种不在场状态,用不在场残酷地袭击男人,正像她用自己的在场残酷地迷惑男人一样。

有一个故事,说一艘船用了大量的钢铁来制造,以致其罗盘不能指示北方,而只能指向自己的船身。因此,这艘船便没完没了地围着自身打转,最终消失在第四纪的化石冰块里。

写作的真正快乐就在这种可能性中,即牺牲一整个章节,只为一句话,牺牲一整句话,只为一个单词里;即牺牲一切,以便获取一种人为的效果,或在真空中获取一种加速度。

事物中的唯一革命,如今已经不再是对事物的辩证超越,而是对这些事物以 x 次方进行的提升。无论是对恐怖的提升,还是对讽刺或拟真的提升都是这样。这已经不再是辩证法,而是当下流行的陶醉状态。因此,恐怖活动是暴力的陶醉形式,国家是社会的陶醉形式,色情是性爱的陶醉形式,淫秽是剧情的陶醉形式,等等。事情似乎已经失去了它们的目标,失去了关键的决定性,它们只能在激烈和透明的形式里自行加倍。这样就有了维利里奥①式的纯粹战争:非真实的、虚拟的、无处不在的战争的陶醉。没有一次对空间的探测不是在构建这个世界的纹心结构②。在所有地方,具有潜在作用的病毒,纹心结构的病毒都占据上风,将我们带进一种陶醉状态,这种陶醉也是一种冷漠的陶醉。

肉体的静谧。③

身体中被饥肠辘辘声盖住的饥饿,会吞噬西伯利亚夜晚的肉体的宁静。

这是生存的激动,无论在哪里,就像乌拉尔山脉的垂直山体。夜晚和它的轨道:夜晚本身就是丢失在空间中的一个物体——圆形嘴唇的运动以及化石声音的全音符。

这条从南到北的想象的线,只要迈一步就能从前夜跨到第二天,而无须改变时间——为什么把它放在太平洋的中心位置? 在那里,只有鱼儿、船只

---

① 维利里奥(Paul Virilio, 1932—),法国当代哲学家、建筑学家、影评家、城市规划者、人道主义者。
② "纹心结构"(mise en abyme 或 mise en abîme),也叫"深渊结构",艺术用语。原指画中嵌画的绘画表现手法,现也用于小说套嵌小说的叙事手法。
③ 原文为英文"Carnal silence"。

及暴风雨才有权利越过这根日期变更线。

有没有精神上的某些形式以相同的方式在跨越我们呢？我们是否能够在心理上跨越这些分界线呢？

如果不能忘掉一些事，人们是会发疯的，即认为地球上的每个点都具有同时性，这仅仅是一个梦；或者这么想，把夜晚看作轨道上某个区域内的一个物体，还可以从任何方位上与之相交。

洲际飞行是一次精神历险记。

真正的荒漠，那就是真正的迷惑之处，它处在一万米高空。在那里，地球处在蓝色的和地质的光线下，就像一个非人类的本质，没有其他标志物，只有河流的蜿蜒和矿山的起伏；在那里，如果你有机会沿着太阳的方向飞行的话，时间的固定性将十分完美。

所有手势都意味着你对他们来说非常珍贵。既然这是不可能的，就连借口都没有——那才是真正的礼貌。

他们热情地接待你，似乎你是神灵派来的使者。在西方，人们接待你，好像你是死神派来的使者。在西方,**他者**总是从死者阴灵中来,他会吸引活人的优雅。但这种不断的抹杀也是一种策略:它把你置于可怕的怀疑面前,你不知道在倒向这种看法时能达到何种程度,或者还要更多地付出,也就是说要承担补偿的神圣角色。

谁将获得最后的微笑,最后的手势,最后的细心关照——某种拍卖,像扑克里叫牌那样叫价,这恰恰会唤醒同样残酷的怀疑:从来没有足够的付出,从来没有走得足够远。这种冲突,它只有在死亡中才会终结。因为没有任何生死文书来限制这种交换的决斗形式,好像它并不建立在犯罪的基础上,没有任何心理学能帮助人躲过这一劫。

在事情说完很长时间后,而且意义的问题已经消失后,日本人知道还必须结束规则里的符号和外表:这就是谦恭,一种人为的品质,它就像那些受尽折磨的盆栽树,在上千年的时间里,人们把它当作艺术作品来保养。

色情来自规则的完结,来自特征的完善,包括脸部特征,细小动作中所包含的激情活力,它预示着在性事和快乐中会有同样的激情活力。

既鲜活又顺从,那只会出现在涂脂抹粉的脸上,或出现在洋娃娃光滑的性器上。整个种族看上去就像化过妆,并且光滑得如同性器,同时保留着动物的活力和抑制着的粗暴。当整个种族表现出相同的差别特征、相同的礼仪、相同的假笑后,那么,在性的角度上就蕴涵着某种特别的东西。

日本的诱惑是全种族的诱惑。那是最后特征的诱惑,即完美的诱惑。性事已经不再是差别的游戏,也不再是对快感的吸收,而是画龙点睛的一个笔触,它奉献出眼睛的绝对美丽,肢体的活力,微笑的强迫镜像。

奈良的雕塑,最美的雕塑。

那尊雕塑有一只手垂向地面,姿势优雅,手中提着一个水罐,似拎非拎着,而另一只手伸向天空,向苍天奉送祭品。双重的运动回应着雕像的雌雄同体性:右边的侧影更像一个男子,抬起的手臂形成一个拐角;另一个侧影则为女性,其手臂随意地下垂,呈现出重力的空中形式。身体部分完全直立,就像夏特尔①大教堂的雕塑一样,不过在丝绸的衬托下,外形的巧妙弯曲显得更富有肉体感。这一切都像是经过非人类的过度牵引,给人一种奇怪的印象。那么,除了美学术语之外,这样一尊塑像的秘密何在呢?

她:精神含蓄和情感储备中的平衡原则——缺乏柔情。

他:多愁善感自我吞没的形式——指责身体。

经久不衰的东西,就是在每次新遇到某个人时,有在他身上期待一切的可能性。从理念上看,我们都是童男贞女,我们希望在最不起眼的面孔上找到某种未来的命运,尽管这毫无道理可言。

肉欲上的仓促,即以不规则的间隔去完成一些强迫症的行为,或一些厚颜无耻的行为,这永远只

---

① 夏特尔(Chartres),法国巴黎西面80公里处的一个城市。那里有一座中世纪建造的哥特式大教堂,其中建筑上的雕塑犹为著名。

能构成低层次的放荡特征。强迫症或真正的放荡应该在确定的时间完成这些行为。

一个肉欲的地平线已经出现,这就是性爱的地平线……正如所有的地平线,这是一条想象的线。在那里,太阳有时在鲜艳的色彩中徐徐降落,有时又放射出捉摸不定的光芒。

无辜,如今已经与法律的概念毫不沾边,它已成为双重的不可能之物,因为现在连违抗都是不可能的。

外表,如今已经与意义的概念毫不沾边,它已成为双重的不在场之物,因为现在连意义都消失在冷漠中。

在各个层面上,我们都处于双重失败的境地。我们的冷漠就是叠加在另一种冷漠上的深渊。所以,不应该去寻找一种简单的超越,而是要寻找一种双重的翻转。要用一个运动去完成两次革命,将我们从双重消失中解救出来。

你是否见到过一只苍蝇在天花板下面飞行?

为什么苍蝇会选择在房间的中央飞行？在一个不在场的吊灯下飞行？是谁在控制这个筋疲力尽却坚持不懈的飞行？这是分子运动的家畜式翻版？苍蝇不知道要转弯：多么神秘啊！它也不知道什么是无穷无尽：它总是在一个狭小的空间里飞行，其飞行轨迹是随机的，也不知什么原因并没有两极方向感。它似乎也不知道平衡概念：几个小时持续不停地飞行，做着与空间中所有的点进行交汇的游戏，不感到任何的慌乱——它总是能确切地知道在哪里停下，在哪里重新起飞。所有这些荒谬的运动和盘旋好像与能量问题没有关系。除非它能在重复动作中获得能量，能从精心描绘的空白空间中获得能量。这是昆虫的空间，带角的空间，利立浦特人①的空间，布朗②的空间。在这样的空间里，人无法进行直角运动，所以他必然会以古怪的面目突然出现，活像诺亚时代大洪水前的怪物。

---

① 利立浦特人(Lilliput)，即英国作家斯威夫特小说《格列佛游记》中描绘的小人国的居民。
② 布朗(Robert Brown, 1773—1858)，英国生物学家。他创立了布朗运动学说，其中布朗运动(mouvement brownien)指悬浮的粒子在液体中作不规则的运动。

相对于人类解放、奴隶解放、个性独立等众多思想而言,即对那些耗尽精力跟在自己影子后面追赶的思想而言,那个具有远东智慧的鲜活思想将更加灵活,更加自豪。这个思想就是让另一个人料理你的生活,预测你的生活,决定你的生活,满足你的生活。它根据某个协议,要放弃某件东西,反正这个东西也不属于你;但你可以更加舒心地享受此物,而不用每时每刻都保持一种意志,去承担这个事物。反过来,任何东西都不能阻止你去负责另外一个人的生活——在这方面,人们一般要比料理自己的生活更为得心应手——就这样,人们相互减轻着生活的奴役,变得真正自由起来,不再面临自身妄想的危险,而是在自己的生命进程中,为他人进行礼仪的或爱情的求情讨饶。

生活的精华就是要在目标的彼岸生活,不管采用什么生活方式。

事情与词语的差别在于真实的事情是发展演变的,而语言却是突变的。语言中某个东西在运作时与事物并没有连续性:这些事物能按部就班地发展,但在某个确定的时刻,当某个单词产生一种意义时,它也会突然失去这种意义。某些事情自己会不经任何手续而出现或消失,会出其不意地或断断续续地从一种状态转到另一种状态。这种不连续性并非偶然,而是有另外一种必要性。我们的生命有两种波长:在其中一个波长上,计划与事件很有逻辑地相继发生;而在另外一条曲线上,则是一种荒谬的波长,相同的事件会不厌其烦地再次出现。这是一种相同的罪行,它可以穿越整个朝代而永远被铭记下来。这是一种相同的怪癖,一直会传给你的儿孙们。在其中的一种生活里,你会勇往直前;而在另外一种生活中,你会在原地打转。当两条线相交时,这是一个绝对关键的时刻。当两条线叠合在一起时,那就是幸福的夏至点。

技术在进步,语言在变化,声音在演变,命运正向我们走来。

指定事情从来就不是无辜的,这会将事物推向存在本身的彼岸,推向语言的陶醉,这已经是事物终结的陶醉。

我们并不比石头更具有存在的理由,如果说我们生活的一部分面向阳光,那么另一部分必然就朝向地狱的寒冷。

人们只有通过动物的感觉,比如将舌头放在嘴唇上,或在黑暗中用手捂住眼睛,才能预感到性别差异的真理。

是谁控制着性别,让它们相互区分,而不是像季节那样相互交替,或如白昼与黑夜一般相继代替?当性别像星辰那样处在相对立的位置时,也就是说相互处于永恒的椭圆形视野中时,那么任何性解放的虚荣将迸发而出。

这是一个浮动着的人,但他像一只被绳子牢牢拴着的狗,像一只蹦出眼眶的眼球,悬挂在视觉神经的末梢,扫描着 180 度的远景,但是并不传递感知——脱离躯壳的敞视式终端,一个突变者的变节肢体。

人的躯体应该达到这种状态,能够展现一些形象,即展现慢动作、暂停、停止、固定和缓慢的姿态。我们在加速形象方面很内行,但我们在瞬间终止运动方面却不在行,而动物们则善于这么做;我们在举行仪式方面也是外行(在京剧中,运动并不因惯性而死亡,它总是能找到一种完美的停止状态,在静止中找到完美的顶峰)。

请看体操运动员在落地时保持平衡的难度。最优秀的运动员都会有失误,而人们期待的正是这个时刻。当体操运动员在失重状态下,难以让身体到达旋转的高峰时,他就得在落地时,在落下的陶醉中给自己一种高峰的对等物。地面必须吸收他的所有能量(这就是猫的秘密)。要么能够完全重新跳起来,要么一点也不反弹起来,同时释放所有的惯性能量,使自己立刻停止下来,如同被消声的无回声的噪音(令我们惊奇的是这个想法,即在黑颜色里,在黑色物体中,光线能被整个地吸收,这与身体在静止时还产生眩晕几乎相当)。

这种吸收能量又不返回能量的艺术,中断运动而又不落地的艺术,逃避运动余能却又抵消我们躯体程序的艺术,这也是慢动作的艺术,是追求其悲剧效果的艺术。我们放弃了这种缓慢,为的是获得加速的声望。

唯一属于女性的角色就是神圣化的卖淫角色。这是一种耦合了狂热缺席的绝对忠诚。只需有一次,有一个女人在你的生活中具体化,她来自另一个世界,对你说"我爱你",你就会在不知道她姓名的情况下接受她。只需有一次,一个想法或一个词汇出现在你面前,就像在梦中一样,它就会一下子征服你。因为,如果语言可以引诱或打动想象,那么这些词语也应该奉献给神圣化的卖淫活动。这些将是唯一的温情运动,也是盲目的命运能够向我们证明的唯一运动。

唯有上流社会的意识形态能够光彩夺目,因

为只有这种意识曾经遭到人们的反对。然而还有一些更加严重的思想,因为它们没有可见的敌人。

天空对大地的冷漠:无意下雨
灵魂对事物的冷漠:无意混淆
嘴唇对言语的冷漠:保持安静
梦想对现实的冷漠:无意宽恕

事件性歇斯底里本身就是历史结束的一个产物。因为不再有历史,所以事件应该是不间断的。因为不再有原因,就必须不断地产生结果。因为任何东西都不再有意义,一切都应该完美地运行。

反对关于偶然的整个争论。
决定论,非决定论?
既然这是一个讽刺过程,那么将偶然性建立为一个客观过程又有什么用处呢? 当然,这个过程是存在的,但它是作为因果关系的啪嗒学而存在的。

当然,同时也存在着宿命。区别在于命运的讽刺远远大于偶然的讽刺,这就使宿命变得更加高傲,更具有诱惑力。

一种狂热的自我批评便从这里开始(所有的自我批评都是狂热的,在批评精神的形式中,没有比声称针对自己的批评形式更加糟糕的形式了),不过,我控诉我自己:

——曾经秘密地将幻觉混淆于现实,确切地说,混淆于那少量的可用现实,这是平庸的历史形势下的现实

——曾经系统地采取了与最明显并且最牢固地建立的概念相反的主张,并且希望这些概念落入激进的陷阱,但这种情况并没有发生

——曾经梦想过另外一个世界,不管对女人来说还是对概念来说,这都是一个神圣卖淫的世界

——曾经巧妙地聚集了我的能量,用的是一种派生的精神法则,从其他人的能量中吸收能量

——曾经培育过一种黄昏的思想,以便能够更好地掩盖夜晚和白昼的差别

——从来没有过愿意失去一切的想法,一直被不满足感所困扰着,曾经将任何的懦弱行为升华到理论的激进性高度

——曾经因为遗忘了参照物而犯原罪

阿门①。

深深地处于肉欲和忧郁中

距离事物越来越远,直到对一切事物只能做出一个幻觉的评判

但是,以往的感悟在哪里呢? 在我的周围,我只能看到没有根基的歇斯底里和肆无忌惮的活力。

阿门。

两张不可侵犯的画皮,装扮上对立的犬儒主义,并且被当作面具。要尊重面具。服从相互没有限制的判断。完全的加入和完全的利己主义:距离

---

① 阿门(Amen),希伯来语,原意为"诚心所愿"(法语为"Ainsi soit-il."),现为基督教教徒祷告后的结束语。此处暗示作者在以祷告形式说话。

拉开了。

在这一切之后,是不言而喻的最后的感情抒发,并作为最后的审判。在此期间:对面具要谨小慎微地保护,不激发现时的功能,因为现时不会停止,它像一种没有直接推进力的文火一直煎熬着你。不再有任何躯体与灵魂的区别,只能区分出一些造物,正如眼睛的颜色那样。然而在任何季节都存在一种细腻的对立。

邻近　对立　张力　距离。

维护面具要经过长期的学习。要将画皮从面具上揭下来,以便在一场固定的决斗中驯服它们的安静。

被周围的东西不经意地装扮的外表,在双方眼中被相互否定,这种评判方法长久以来已经默默适应了对人类和动物的掩盖。总之是——距离、同谋、敌对、审判——同样的图例出现在自己面前,出现在他人面前,出现在所有剩余物的面前,而且要根据这一切来评判。

这是一个潜伏处。害怕,持续的害怕,即他人下星期一改换了神灵,并改用其他的方法,不再使用原来评判善与恶的方法。因为代为求情在最高等级的问题里是根本的问题。然而,我会独自解决这些问题。而他人就不一样,他让我变成孤独一人。在这个过程中建立起一种两人的理解性君主关系。如果我们相互冲突,那是为了驯服我们的影子,以便让它们完全重合。如果我们相互结合,那是因为我们曾经是唯一的审判者。应该明确区分两种犬儒主义。

  这里面有一种珍贵的默契关系,它像是夜晚在鸡蛋上行走一般;同时这种关系也会感到羞愧,对自己产生迷信,认识到自己是两者的最高审判机构:他被判决了,我也被判决了,其中不可能有什么失误。因此,这个关系会自我打量,并且避免自身形象的出现,因为它意识到自己是一种想象的解决办法,而非唯一的办法。

1981年10月

明亮而冰冷的太阳就像雪地上的月亮,或像海鸥的悲惨叫声,回荡在二月黄昏的绿色海面上。

选择似乎就在两个女人之间:一个女人很愿意向你保证,你有连续而强大的性能力(一个女人的肉欲天赋是从哪里来的?);另一个女人则具有精神的神秘性,它会让任何一点爱抚都变得令人不寒而栗。

积累是瘫痪病人的一个梦想。当人们加速时,一切便开始旋转起来。

这种挑衅的性情品质受到白日梦的影响,受到爱别人却得不到爱的挑战的影响,受到任何情绪激动的影响,只要他想得到一切,并且牺牲自己。人们只能将这种品质比做一种以太,一种精神灵药,一种神经火花,一种对双重性的幸福智慧的激发。这里的女人秀色可餐,必须去诱惑。这里的世界美不胜收,必须去毁灭。

人们梦想的东西,就是一种美丽的形式上的思想,它明显对其客体感到失望,它会撩开嫉妒的面纱,毫不掩饰地进行报复。

如果你不应该让某个人惦记你,那就用不着逃避

如果你不应该喜欢这个人,那就用不着他想念你

如果你不应该毁灭他,那么喜欢他也就无济于事

我能被什么东西引诱呢？也只有这种激情的情感能引诱我，我从来也只能吸收它，而不能够回赠。我在需要的时刻往往缺乏激情，而激情在需要的时刻往往也缺乏新鲜感。

嫉妒和激情一样，都能获得同样的效果，但是嫉妒会在冷漠中得到，就像在梦中一样。嫉妒是否就是心理学时代的根本情感呢？也就是说，它总是滞后而冷漠的命运的根本情感？因为心理学本身仅仅是一个延期的显见事实。

每个男人都非常害怕不再有某个女性或任何一个女性形象来照料他。任何人都不能在没有女性形象宽恕的情况下生活。

小小的发亮的喷发
小小的发亮的连接
小小的发亮的幻觉

小小的发亮的嘴唇

小小的发亮的争吵

小小的发亮的蜂房

小小的发亮的逆境

小小的发亮的破坏

小小的发亮的齿轮

小小的发亮的盘绕

　　围绕着垂直的轴心

为什么低能儿的弱智变成了一种文化事实,而更加可怕的普通愚蠢行为却不会令任何人惊慌?

莫斯科机场。官僚主义的愚蠢一旦被搬上舞台得到美化,一旦提升到美学的权势高度,并且加上了冷战修辞学,那它就没有任何限度。这是国家针对每个公民的冷战,这种冷战尤其可恶,因为这是人为地维持着的冷战。这是愚蠢的拟像,它变成了社会生活的唯一运载工具。整个社会都在强大军事的面具下出了轨,整个国民社会都在官僚主义的面具下被当作邪魔而驱除。死亡的社会,僵化在死亡外表上的社会,在最后的表演中,培育着对自身现实的苦涩的否定。

苏联社会唯一的历史收益,就是人类种群的某些特征和习俗得到了拯救,如同冰期的猛犸象一样被保留了下来,而这些特征在其他地区可能早已消失。

劳动者,过去曾经是历史否定性的英雄,而今变成了拟像工厂的透明失业者。知识分子,过去曾经是历史否定性的先驱①,现在变成了持不同政见的跳梁小丑。

官僚主义曾经在社会领域里找到了其僵尸般死板的最佳用途。我们则找到了更好的东西:尸体的灵活,即过去耶稣会教士们的灵活,灵活得像死尸,人们让这种灵活在上流社会的关系中流传。今天,电子学代替了灵巧,让这种灵活性在半抽搐、半流体的网络中传输,这是一个巨大而灵活的节制体

---

① 在法语中,"英雄"(héros)和"先驱"(héraut)是同音异体词。

系,这个体系充当了我们的原动力。与耶稣会教士们的策略一样,冷漠的策略在此大显身手。

失眠者梦想有一种意识的缺失,以便他能够入睡,就像杂技演员梦想有一种重力的缺失,以便他可以永远不跌下来。

人们可以梦想一种理论,如同针灸那样,通过极细微的触摸,通过出乎意料的共同关系,从远处触及那些敏感点,用金针电击那些敏感穴位。

对任何体系来说,应该有一个神经痛点。如果你用某种方式触及它,那么,整个体系就像一种结晶溶液,它会自动收缩并发生内部破裂,犹如大脑里被击中的某个精确点,瞬间让整个身体处于休眠状态。

应该存在一种梦游般的清醒,能够让人们触及事物的核心,就像身体该有一个奇特的姿态那样,可以让人瞬间入睡。

爱的能量释放后,才呈现疲惫状态的平静。犯了命案后,才有赎罪的平静。对待任何事情,要的就是结果,而原因则让"最后的审判"去处理。

黑格尔说:社会的不公,就是要让服从者必须懂得权力是什么。

亚里士多德说:任何肌体的存在都有两个来源——一个是自然原因;另一个是太阳的必需的调节。

在我的印象里,这个唯利是图的人既卑贱又光荣,是个双重人物。这个印象被撕成两半,成为同一人物的两个面孔——狮子的祖先还是狮子——只有时间,或令人沮丧的疯狂可以区分其内心的两个竞争对手,区分这两个合二为一的对手。从神话形象来看,我看到这个海水的形状,就像要自杀的阿芙洛狄特①在两极之间翻滚,沿着一条看不见的线在逃遁,一直到达地狱世界那明亮的峭壁,在那

---

① 阿芙洛狄特(Aphrodite),希腊神话中的爱情女神。在罗马神话中称她为维纳斯(Vénus)。

里,那仍在守候的激动人心的野兽将她吞噬。

从星相形象来看,我看到她心中的天秤在摇摆,就像偏离轴心的节拍器——时针在两个星相之间表现出一种磁性的犹豫,一种浮动的女人性在强权意志的双重螺旋体中摇摆。

这正是奥马尔·海亚姆①关于诱惑的最卓越的阐述:

"你最好用温和的方法将唯一自由的人变成奴隶,而不应该解放一千名奴隶。"

欲望那令人毛骨悚然的器官性秘密。

相伴那让人不可估量的关键性天地。

哈利路亚②!

---

① 奥马尔·海亚姆(Omar Khayyam,约1050—约1123),波斯学者和诗人。

② 哈利路亚(alléluia),基督教祷告用语,意为"赞颂耶和华"。"哈利路亚"也是一首宗教颂歌,基督徒在弥撒开始或结尾时可以唱这首颂歌。

只有猫能够在沙地或床上留下睡觉时身体的完整印记。人则不善于将自己的身体托付于它的形状,以证明一种完全的自我放弃。人并不知道存在一种惯性,而猫却从中获得轻巧、敏捷以及外形的冷酷。人不知道这种神秘的弹性,即身体可以分解为不同的肢体,使得猫在跌落地面时不会摔伤。因为身体的每个部分本身都是很轻的,倒是整体的重力让我们彻底完蛋。

为什么要离开植物界那完美而又宁静的冷漠呢?为什么要舍弃矿物界那静止不动、动物界那敏捷的状况呢?对于人类来说,变形已经结束。但是动物们还在告诉我们变形是可能的:一只猫、一匹马、一只鸟、一尾章鱼,这些人类智力不可理喻的形态,它们是什么?无非是一串符号,其神奇的威力正随着我们人类种群的兴旺而濒临灭绝。

然而女人也许还保留着这个谜,这种静止和敏捷的某样东西。

树在冰块重压其枝条时的心理恐惧

女人在脱掉衣服后的那种反常恐惧
赤裸的真理在精神上的恐惧
美梦惊醒后自相矛盾的恐惧

当黑夜和白昼相等时,就会降临昼夜平分点的暴风雨。当人造的亮光和太阳的强烈旗鼓相当时,就会爆发游戏的激情。当两个女人在你的心里分量相等时,那么就会开始快乐的昼夜平分点。

对于某些人来说,生命是无止境的,而无止境的东西便不再有意义。如何获得生活的时间?对于另一些人来说,生命事先就结束了。生命在开始前就已经终结。生命展现在一条抽象的带子上,排除了任何的时间维度。有一些生命就这样白白牺牲了他们生命的结束部分,因而消失在初始的记忆里。

秘密,如果说有一个秘密的话,那任何人也不能使其泄露,甚至连拥有秘密的人也不能泄露它。

应该从最终的沉默中窥看最终的事件。

存在一个疯狂的世界,而在它面前,只有对现实的最后通牒。这就意味着如果你想逃避这个世界的疯狂,就必须牺牲一切,包括它的魅力。这个世界越是疯狂,牺牲的筹码就越高涨。对现实的恫吓。现如今,为了存活,幻觉已不再算数,必须日益接近真实的无效性。

白天的重复是无穷无尽的。黑夜的重复则有一定的限度。夜晚的连续可能会有一定的意义,而白天的连续则无法将我们带向任何地方。或许白天只需天亮就行,并且立即结束。而且事物也只需出现就行,然后就立即被取消。

男性神话的丢失,但也是女性象征物的丢失——有利于构建一种两性共有的性转移的自恋幻影,而且这种幻影只能虚假地摆出一副同性恋的姿态。

男人将女性的诱惑转移到自己身上。而男人自己只能参照女人的镜子——而这面镜子已经被人占据了。

庞贝:我们应该归功于自然灾害,它为我们保存了古代最灿烂的文化遗产。如果没有维苏威火山,我们就不会拥有古代文明这鲜活的幻影。同样,猛犸象的幻影也因冰期的爆发才得以保留下来。现如今,担任自然灾害博物馆角色的就是我们所有的人工记忆系统。

在男子脱衣舞中,人们看到的还是女人,看到的是女性观众以及她们那贪婪的面孔。她们比她们自己跳裸体舞还要淫秽。她们的淫秽通过性欲在脸上歇斯底里式的溢出表现出来,尤其是她们想从中寻找一种对男人进行报复的权利。这种淫秽显得无以复加,完全来自对于快感权利的平等要求。

没有人拥有享受快感的权利,也不会比享用水或享受生命的权利来得更多。让这种平等的形式留给解放了的奴隶们吧。生活的时间已经被娱乐的权利弄得淫秽不堪。而这一次,倒是性欲的权利使性变得淫秽。淫秽通过合法的要求在窥视着任何事物。

快乐的权利和痛苦的权利开创了一种歇斯底里的和圣絮尔比斯修道院①的文化。脱衣舞的女看客们的欣喜与黎思欧②女圣徒们的狂欢相互一致。同样贪婪的形式也针对男人性欲或耶稣的"圣心"。

舞台上的身体从来都不淫秽。淫秽的只是那些女人的吃人的目光,她们完全沉浸在象征性的报复和对其性器官生动的愚弄中。男人在这种凝视性的色情表演中是值得同情的(脱衣表演、生活秀等)。男人通过注目,无地自容地向一个不缺任何东西的身体的完美表达致意。因为男人不相信阉割了的女人的故事,他们知道,女人就是一个身体,一个完美的身体,从来不缺少任何东西。他们的目

---

① 圣絮尔比斯修道院(Saint-Sulpice),巴黎第六区的一个古教堂,历史上曾经是一个修道院。据说《达·芬奇密码》中的圣杯就藏在这个教堂里。
② 黎思欧(Lisieux),法国西北部卡尔瓦多斯省的一个小镇。该镇有中世纪的圣彼得教堂。

光就是这种完美的反射:如果女性的身体就这样一丝不挂地呈现出来,毫无保留地展现在眼前,那就是一种强大力量的符号。这就是卖淫的强大力量,男人永远也不会有这种强大力量,正像他们永远不会有分娩的强大力量那样。

然而,女人们在男人脱衣舞中凝视的东西,确切地说就是这种阉割。只有她们自己对此深信不疑。因此目光没有别的出路,只能转向她们,转向这些因阉割而发疯的女人,转向这些因阉割而成为不洁主体的女人。她们不会像纯洁的客体那样,全身赤裸,拥有幻觉的强大力量,在身体的色情舞台上光彩夺目。

Female mud wrestling[①]
火之战[②]中的女性。金手指[③]
爱情电影:液体巧克力中的女人

---

① 英语,意为"女式泥地摔跤"。
② "火之战"(La Guerre du feu),法意合拍的一部电影的题目。故事主要讲述了原始人类从智人逐步进化为现代人的过程。他们在争夺火种的战争中日益觉醒,丰富了生活的经验,其中从与女性的后背式交媾改为面对面式交媾标志着人类性爱生活的真正开始。
③ 金手指(Goldfinger),英国 1964 年影片《007 大战金手指》中的亿万富翁,是邦德追捕的罪犯。

带着泥浆面具的土著人

皮肤发亮的黑人

沙滩上涂了防晒油的身体

涂了油的东西就会发亮。就会光滑。它像一个性器从另一个性器中出来一样,如同一个婴儿从他母亲的身体里出来一样。当皮肤展示出身体内部的景观时,即展示翻转的黏膜和性器的湿润时,这就是光滑的感觉。

一个流着汗的身体已经表现出磁阻和色情的吸引。身体就有重新拥有分泌物的原始欲望。

在光滑石头上流淌的薄薄水层就足以使石头充满色情。所有滑动的东西都会勾起快感的联想,甚至风也能引起同样的感觉。那么油或泥浆也一样。

将身体变成液体的形式,这就是生命的根本。它与金手指相反,后者的身体僵硬地死在金箔中。

但是流体也不能具有过分的流体性。只有泥浆的黏性让人享受快感,甚至连目光也在滑动,变得黏黏糊糊。滑动可能是一切快感的源泉,也许还是意义的源泉。

仅仅在一周之内,冬、春、夏三个季节连续交替。温暖的雨水落在冰河上,在圣劳伦斯河上形成一种梦境般的薄雾。在湖的另一边,印第安人村庄呈现出大北方的形式,也是流亡和白雪的悲惨形式。但在这里,在城市里,一切都呈现出烦恼的悲惨形式。在蒙特利尔有两种能量形式:一种是五大湖的电力能量,另一种是单调的心理能量。

有一种强劲地从事政治的方法,还有一种萎靡地从事政治的方法,就像做爱那样。两个人相遇,或产生最佳效果,或生产出最漂亮的孩子。

生活的秘密就在于此:你闭着眼睛,通过抚摸能辨认出多少面孔和身体?你闭着眼睛,能够从谁那里都可以接受任何东西吗?你本人是否曾经闭着眼睛,盲目地随心所欲?你有没有盲目地去爱,在黑暗中预感到思想那可触摸的转弯处。

诱惑是客体直接的和致命的辐射,是隐语的终结,是一个被蛊惑的世界的策略,是一个幻觉胜利的复活,这种幻觉结束了意义的辩证恍惚和历史上过于幼稚的诡计。

如果你想谈论虚构,那么文本就得消灭任何的参考资料。如果你要谈论拟真,那么文本必须在意义上做游戏,同时还要保持完全的真实性。如果你想谈论诱惑,那么言语活动必须通过省略的途径,使任何东西变得错乱不堪。否则,为什么要创造这样的言语活动呢?

语言是女人:它通过将其所说的东西进行变形来引诱你。它是女人,还因为如果它不能诱惑你,那么就会不停地进行报复。它只通过你让它说的那些话进行报复,就像一个女人,她只满足你要求她做的事情。

自杀学院:人们来到这里修习意志补习课程。事实上,这一切确实很有学术气。在自杀汽车旅馆里(由于预期过早,这个计划始终没有实现),前来租用服务设施的客人的决定是不能改变的。人们不会给他多少选择的自由(这可能有点不尊重他!),人们会用女人、美酒、哲学等来宠爱他。但是到那一天来临时,人们还会根据他自己的欲望,在对他最有利的情况下对他执行死刑。

这张脸,十年后我还不知道它眼睛的颜色。但是在大街上,在梦中,我能看到它,消隐在众多的水印式面孔中,这些面孔突然开始和这张脸相像。

害怕在布洛涅森林①中遇到一个有易装癖的男子。这不是同性恋的幽灵,而是制造恐怖的符号失真。不是近似于滑稽剧中性别的误会,而是从虚无出发进行的女性的意义游戏,是没有女人的女性符号。

只有女性能够将其效果超现实化,而不至于陷入滑稽的境地,而当男性价值自我试验时,她会立即窥视这些价值。此外,穿异性服装的同性恋的男性版本已经落入颓废的境地,它仅仅是同性恋的一

---

① 布洛涅森林(Bois de Boulogne),巴黎西郊的一个休闲森林,也是同性恋者聚会的地方。

个赘生物。

显而易见,一个女人要比任何一个男人更知道如何抚摸另一个女人。对另一个性别来说无疑也是如此。因此,每个性别都可能是一个特别的种类,而抚摸则是适合这个种类的一种基本的言语活动。

建造将没有任何用处,不再有土地资本,也没有养老金,在任何文化的公墓中,再也不存在永久的转让。事情不就是这样吗?在空中变成碎片的陨石,它是通过结束时的耀眼痕迹向人们招手致意。在轨道上运行的天体,其椭圆轨道是其最珍贵的东西。没有祖先,没有文化遗产,没有继承人,没有资本。曾经需要多少个世纪积累的东西,很显然只需一代人的挥霍就可以让其荡然无存。

未来将属于那些积累了一切而又在一生中散尽一切的人。必须加快速度。用十年时间去吸收一种文化,又用二十年时间将其驱逐并呕吐掉(总是需要更长的时间)。要经历对文化的象征性谋杀的整个周期,不经历将毫无意义。

最后一枚炸弹,即人们不愿谈论的炸弹,就是那枚不满足于将事物散布于空中的炸弹,却有可能将事物分布在时间里的炸弹。时间的炸弹,食言的炸弹,逆时序的炸弹。炸弹爆炸的地方,一切都向过去快速冲去,炸弹威力越强,向后退得也越远。更加巧妙的是:炸弹爆炸的地方,某些碎片被投向了过去,而某些碎片则飞向了未来。

然而,看看你们周围:这种爆炸已经发生过了。没有任何一枚炸弹在技术上尚未发明前就已经爆炸,真实的总是走在技术和战争的前面。在一个没有记忆的世界里,正像我们这个世界一样,一切都已经被活活投射到了过去中。就像是某些事物早就被快速扔进某个维度中,在那里,这些事物只有一种固定的意义,即由时间的最终革命所确定的意义。

这才是真正的炸弹,即将事物固定在幽灵般复现中的炸弹。人们所能期待的,也就是希望一些碎片、一些陨石或陨星能够到达未来的维度中,在那里,我们将有一天会遇见它们,并有似曾相识的感觉。

核武器,这就像是革命。对其寄予希望或害怕它都无济于事,因为无论是革命还是核弹都已经发生过了。一切都已经解放,都被改变了,甚至颠覆了,你还想多要求些什么呢?你希望也没用:事物已经在那里,出生了或是胎死腹中,一切都已经结束——这很令人失望,但又能做什么呢? No future.① 同样,也不要恐慌:一切都已经原子化,去核化,粉末化。爆炸已经发生,炸弹只是个隐语。你还想多要求些什么呢:一切都已经从地图上抹去了。做梦也没用:冲突已经悄悄地发生,四面八方都有。

可是,仅仅是事情发生了还不够:我们还需要这些事件的景观。众所周知,革命在爆裂成景观之前就已经在事件里发生过了。人民愿意看到革命的景观。事件本身也想在景观的隐语中陶醉。因

---

① 英语,意为:"没有未来。"

为事件被关闭在客观性中,这就引起客观性的报复。

那核武器又成了什么呢?我们是否为了事情的完美,要求原子冲突是一场巨大的景观呢?如果冲突发生的话,这绝对不是因为上述的原因:即武器的使用价值的命定结果,或人类种群屈从于它的破坏结果,而是毁灭的景观的宿命,以及我们从中获取某种乐趣的必要性。

对抗导弹的唯一回应:假装和拟真。一艘航空母舰、一座核电站、一个模拟的大城市,使用相同的质量,相同的潜能,相同的热量束——在不得已的情况下,任何目标的周围都要使用大量的仿造武器,以充当它的保护光晕。这是罗马国王努马①想出的主意,他为了避免神灵赐予的神圣盾牌的原件被窃,便让人制作了十二个相同的盾牌。

因为宇宙本来就是如此:事情的真实性原本就是不确定的。从十二个盾牌中诞生出十二个王国,谁也不知道哪一个盾牌是真的,甚至不知道真的有

---

① 努马(Numa Pompilius,前715—前672),传说中罗马第二代国王。他曾经将一年分成十二个月,并且将日子分成吉日和凶日。

这样一个盾牌,这就是努马的巧妙诡计。

在战争的情况下,人们还是看不清为什么导弹会选择攻击仿造物而不是真正的目标?唯有人类,一个有意识的生灵在经过镜像阶段后,才会几乎必然地选择仿造的东西(诱惑的巨大力量!)。但是一台机器,它本身就已经是个赝品,它会不会被真实的目标所诱惑呢?因此,在军事技术发展到顶峰时,必须制造具有主体性的导弹,即能够被仿造品所诱惑的导弹。

消失在大众之中是一件多么美好的事啊!但比沉浸在超验(上帝)中更令人兴奋的是,要跻身于内在性中。进入大众。这是个体梦想自行消失的机会,同时抱怨着人的异化和主体性的丢失。人们发明了大众不就是为了这个目的吗?因为我们发明了大众,就像我们发明了电视那蓝而冰冷的光线,以便从屏幕的深处去窥视某个终结事件的令人目眩的符号。

要使一个对象具有色情味,必须让它处于对性的从容不迫的状态中。要更多地梦想,而少一些欲望;要不经意地斜靠着或睡过去,或是在自恋式消遣中心不在焉——那个对象你已经忘记了,它突然以某种奇特的方式奉献于你,带着某种冷漠的动物性,某种温柔的疯狂,某种不情愿的赤裸。只有无欲望的躯体才真正配得上快乐。

为了激起诱惑女人的欲望,女人就不能在强奸和投怀送抱上表现得过于老练,她不能显露出失败的迹象,而是要表现纤弱的样子。这些都是说这话的方法:我允许你引诱我。

在这方面,男人还是依赖女人的:如果没有这个细小的、紫外线式的衰弱征兆,他根本想不到要去勾引。蓝色的睫毛或许就是这个暗示性符号,贞洁的行为或许就是对脆弱的影射。诱惑的主动性总是召唤的主动性,它可以唤醒沉睡的外表。看一个女人给自己的东西,人们就可以猜测出她将要或是想要被人诱惑,就如同在爱情陷阱里,她表现的是一种睡眠的外表。

她可以一下子给自己卸去她的存在,她的计划,她的激情。她只会根据一个退出的秘密协议而投入到现实之中。她从来不对自己的存在做出担保,这就使得她一下子抹去了生存的痕迹,并以歇斯底里的方式滑向另一种生活。整个一个充满交易目的的奇特人生。只须有个男人要求她放弃这种生活,并作出重大牺牲,这一切就会停止存在。

爱背达①多圈床垫。每个人有他的夜晚,每个人有他的睡眠,多亏有 3600 根螺旋型弹簧,使得每个人都能保持完全的独立。这是理想的床垫,你和另外一个人在上面做爱,而那个人却丝毫没有察觉。感受自我快乐的机器人,每个人都体验着自己的性生活,就像在多圈床垫上他所经历的那个夜晚。这甚至说不上是孤独,因为他人并不缺少。这更像是独立的登月舱的秩序。特里斯丹和绮瑟②梦想着人人为己,考虑着他们性爱依托的方方面面。

---

① 爱背达(Epeda),法国一家床垫等床具用品公司。
② 特里斯丹和绮瑟(Tristan et Yseult),凯尔特人古老的传奇故事《特里斯丹和绮瑟》里的两个主人公。

说诱惑是带子宫的母亲的诱惑,说任何引力只包含原始的深渊,这些都有点柏拉图的味道。母体的洞穴接替了理念王国的地窖。真实的女人又一次用她的人体解剖,充当了柏拉图思想的神圣参照。诱惑的眩晕在这里,在女人肚子的空洞中产生了粗俗的幻影。人们从最巧妙的游戏过度到了最深层的幻觉,也就是说到了最愚蠢的幻觉中。

日常的经验就像雪花那样落下。它是非物质的,晶体的,微型的,它掩埋了所有凹凸之处。它消除了声音,吸收了思想和事件的共鸣,风有时也会以意外的强度将经验驱散。它会从自身内部发出一种光亮,这是一种机灵的荧光,使所有形式沐浴在黄昏那若明若暗的光线中。看着时间的雪花,思想的雪花徐徐落下,看着某种北极光的寂静闪闪发光,使自己沉湎于被雪掩埋的白色眩晕中。

小型灾难知识培训
一、身份证件的遗失——任何人都不相信会丢身份证,就像不相信一个亲人死去那样。在解决问题之前,人们还是希望这些证件会奇迹般地出现,就像希望离开了你的那个女人再回来一样。这是因为在这个资产构成的阳光世界里,它们已经成为你的影子。你已经是孤儿——那些经常光顾失物招领处的人,他们自己似乎也是影子。这个也符合逻辑:失去证件从来都不是无辜的,这是某个损失的符号。这也是一个预警信号。很多人本来可以通过这种方式,从更大的麻烦中解脱出来。

二、丢失护照的梦:那可是真的,我醒来时找不到护照(假如我做梦说我死了会怎样?)。前一天,我在寻找证件(身份证件)时,有人告诉我,护照并不是证明存在的真正证明,它仅仅是一个过境的国际文件。一刻钟后,我把护照给弄丢了,就丢在警察局,它就在那里,像一封被偷的信件,完全摊开着。

三、车辆被盗或没有被盗。我获悉我的轿车被盗已有四年。因此不能再给我核发行驶证。然而我仍然开着我那辆被盗的汽车,何况我的身份证件也没了。我是谁?脱网的计算机在没有"终止搜索程序"(PCR)的情况下,将无法辨认一件真实物品的存在。然而所有材料都已经消失。机器的不可溶解性,人们的期望。反过来,四年中的所有交通违章都被电脑取消,因为车子已经被盗。道德:完全的不受处罚就处在消失的艺术中。

四、最后,所有东西都找到了。Happy end.[①] 我找到了我自己,甚至是灾难倒转,有了双份身份证件:两本行车证,两本驾驶证,两张身份证,等等。

伦理的蜂鸟

超现实主义的财迷

自我快乐的机器人

  一个主体没有他人

    没有**他者**

    没有相异性

    没有**无意识**

变形:仅仅是别人的变形,然后是**主体/他者**:形而上学

此后,唯一没有他人的主体:**转移**

  主体是过时的回收利用的自恋情结的

  完全满足的

[①] 英语,意为:"大团圆结局。"

无超验性

惊愕的自我着迷的转移的亚稳定状态的

     心醉神迷的

没有相异性　没有交替方式

子系统自给自足的星云形式:种族政治

     心理言语活动

没有人再在这里说话

谁都不存在——我也是

    退化而又向心和"绝对"

   （absolue）的书写

然后是惊奇与着迷的

诱惑的绝对

他者的回归

    纯粹的事件　纯粹的物品

    从蛊惑中挣脱

这种蛊惑具有内向性,最终是伤感

一个没有欲望的主体性的自我重复

巴西 1982

赤道法兰西①。在赤道线以南,不再有原罪。

累西腓②的小女孩——莎乐美③

植物、水果、躯体、贫困的感官享受——这种热带地区死气沉沉的污垢。这种动作中的缓慢,思维中的缓慢。这种克里奥尔人④的、人类学的、食人肉的无意识(出于爱)。在做完弥撒之后,在沙滩上,看见主教在海上失事,也许将他吃掉是件很好的事!

食人肉的文化,爱情的文化,诱惑的文化。不祥的水果,其果肉源自有害的想象,淡而无味,多毛,属于一种猥亵的浮肿,一种忧郁的清凉。

贫民窟像冰川一样一直延伸到豪华住宅区的边缘——高悬在山冈上,在贫困的残垣断壁下。这些贫民窟等待着滑动,就像地面滑坡即将掩埋喜来登饭店那样。但是,这件事本身也悬置在那里,这正是这座城市的美丽之处:如果说杂乱拥挤就是贫困,那么贫困和豪华的混杂就是另一种财富的符

---

① 赤道法兰西(France équinoxiale),法属圭亚那的旧称。
② 累西腓(Récife),巴西第五大城市。
③ 莎乐美(Salomé,卒于约公元72年),犹太国公主,圣经人物。见《马太福音》第14章,《马可福音》第6章。
④ 克里奥尔人(Créole),指安的列斯群岛等地的白人后裔,其语言克里奥尔语(créole)由法语、西班牙语、葡萄牙语、新爱尔兰语与本地语混合而成。

号。就像大海任意雕凿的海岸线,与都市城区和山脉交织在一起。海岛特性既体现在城市里,体现在大海上,也体现在群岛上。

没有歧视,不过也没有对等,也没有差别中的平等。事物交替既不是权利的平等,也不是种族的融合,而是敌对的诱惑,有点像食肉者吞食亲人的感觉。是种族之间相互在性爱和文化上的吸引。任何东西都比不上金发碧眼混血女郎的美丽:这是非逻辑的交媾和更纯洁典范的意外。

诱惑沉浸于歧视中,就像沉浸于宿命中一样。白天和黑夜无需变得相互平等,一个种族也用不着和另一个种族平等:他们所需要的就是相互诱惑。

巴西仍是混血的巴洛克风格之地。种族的清教主义没能在这里找到它的王国——但是这种热带的解决方法也许有点脆弱。

这里唯一的严格:礼仪的严格,而非道德的严格;是遵守教规的严格,而不是压抑的严格。一个食人社会不会有无意识。这个社会并不是性虐待狂社会,并不比茂盛的草木更加残酷:它吃人完全是出于爱。北方人的性行为是一种借助身体去排斥世界的方式。赤道感官是一种借助身体、植物、音乐和舞蹈来吸收世界的形式。

桑巴舞,卡婆艾哈舞①。

既不是欲望的爆发,也不是政治暴动。迷人的魅力。文化魅力的形式,它吸收了其他文化,使之新陈代谢,用吞噬细胞处理它。这是既轻松又脆弱的计策;人们用昏迷的方式支援欧洲音调体系的根基,在拜物教的护符里吸收欧洲的合理性:虚假物、人造物、仿造物,即一切体现物品的可恶的混合性东西,还有物品那神奇的和人工的复体。种族的真实和纯洁也陷入了晕厥状态,还要加上疲劳躯体的懒散。在拜物教的词语里,从白人角度来看,一切都把另一种文化标示为诱惑,而对于这种诱惑,尽管有物质和政治的强大力量,仍然是不可能抗拒的。

这些注释培育的幻觉,那是为了以后被人阅读,在别的地方,甚至在我最终消失后被人阅读。此外,这些注释从现在起就可以阅读,就像是余生的小册子。每个思想都是最后的思想,每个标记都

---

① 卡婆艾哈舞(capoeira),源于南美巴西一带。早期是巴西的一种格斗技术;后来演变成巴西的一种民间舞蹈艺术,慢慢地加入了打击乐器的伴奏。

是最后的特征,每个想法都是先出现,然后立刻消失,如同这颗行星,由连续的黎明和傍晚构成。这是一个假设的连续性包含的千万个碎块,而这个连续性并不存在,只能在人死后,以水印的方式看到它。

如今只有唯一的激情:那就是数量繁多的同时的生活。生活方式、地点、爱情方式的变形或变形影像的激情。每个物品都是唯一的,而且本应该耗尽我们的想象。然而我们对此却无能为力:必须从一个物品过渡到另一个物品。每个景色都是极其美丽的,但我们对此无能为力:必须对它们进行交换,当代真正的崇高物就处在将物品收集起来的洲际飞行中。一切都向这个飞行让步,走向从一种生活过渡到另一种生活的能力,而不在唯一的生活中死亡。

也许我们的眼睛仅仅是一卷空白的照相胶片?在我们死后,人家会将其取出,拿到别处去冲印,把它当作生活故事在地狱里的电影院屏幕上放映,或者像缩微胶卷一样将它发送到太空虚无中去。

"我们更喜欢自由的雷雨,而不喜欢奴役的寂静。"

自由是崇高的,但在今天,自由不再是雷雨般的自由,奴役也不再是静悄悄的奴役。

今天是自由的寂静。

事实上,自由和奴役都不再具有重要性了,价值的修辞学已经死亡。唯一剩下的只有雷雨,那个用热量的闪电照亮真正云层的雷雨,还剩下安静,真正的安静,雷雨前天空的安静。

口渴驱散了身体忧郁的悲观心情。万格洛[①]炎热的冰山,白色石灰岩就像酷热下的大浮冰,到处是鲜花,口渴。这里50万年前,成群的狮子奔跑在热带草原上,我们小小的倒退没有这种野性的维

---

① 万格洛(Vingrau),法国朗格多克-鲁西永(Languedoc-Roussillon)的一个地名。

度。蓝色的岩石如同科纳德拉戈①的冰块,紫色的凉爽,深海的凉爽,矿物的忧郁,液态的忧郁,疲倦的紫色陶醉和液态陶醉。野兽的遗址,史前的遗址,挂在山腰的遗址。为什么人类没有一直生活在水边?由于老是想着野兽,他们选择了逃避。由于老是想着天热,他们选择了懒散。由于老是想着忧郁,他们选择了怪诞的性情和放纵。

这一切都没有多大变化。

道塔维尔,1982 年 6 月

一只蜘蛛如此脆弱,如此细小,如此透明,以至于它在纸张的水印上爬行时,就像你皮肤上的小静脉。它不妨碍任何东西,它只是在空无中行走,它匆忙地生活着,也急切地死去。实际上,它的微不足道、它的微观安排对我们这些人类庞然大物来说是一个挑战;它的脆弱只能激起人们压扁它的欲望,而且这还说不上是一种犯罪,因为这两个世界没有任何关系。

---

① 科纳德拉戈(Caune de l'Arago),法国南方东比尔牛斯省的一个地名。这里有一个史前遗址,生活在这里的史前人被称作"道塔维尔人"。现有道塔维尔(Tautavel)小镇。

失去了原件,却重新找到了复印件;失去了面孔,却重新找到了图像;失去了纯真,却重新找到了它的影子。然后跨越太阳,进入女人那温热的夜晚,进入她们激情空缺的目光,进入她们可以抚摸的身体,进入她们由于苦难而变得细嫩的皮肤。

热量为我们的感知和社会混淆创造了一种恐怖的外倾。它让我们在性行为方面履行了义务,身体有太多的事情要做,根本顾不上繁衍后代。享受快感不再是一目了然的事,而成了可笑的事。为什么要这种额外的过度呢?劳动和禁欲本身也是一些分泌行为,汗水有利地替代了它们。身体的湿性陶醉以修补的方式自我奉献给这样一个太阳。任何东西都比不上热量,它将身体混淆在一个相同的痉挛中,混淆在古老的废弃中。一切都和热量交媾,讽刺随着阳光增长,而主体的影子在逐渐缩小。分子的速度超越了意志的阶段,甚至超越穿过马路的速度。它甚至取消了人们的睡眠:怎么能在这个热量的景观中睡觉呢?既然热量像一个梦那样奉献给你,你又如何睡得着呢?

  任何东西都没有酷热那样更具有解放性,因为在一种睡眼惺忪的等同状态中,我们将太阳赐予我们的能量又归还给了它。我们将不减少任何东西,以便保持努力和享受。我们仅仅是一面热量相等和没有记忆的镜子。而这个要比欲望的状态更加美丽,这就是昏厥的状态,就像古人敏锐地区分的那样。而热量最终会成为懒散的托词。

  这是违反常情的固执,以维持一个没有诚意的领域,一个拒绝世界的领域,一个政治秩序的领域。这也是一种经过证明的厌恶,在可操作物的苍穹中集体的承担方面,在普通的和模拟的和解方面都有这种厌恶。我们已经不再有足够的敌人,在这个社会主义的协作时代,是否还需要培养社会共识呢?

  胆怯和勇敢从来都包含着虚假的成分,爱情亦然。感情从来就没有真实过,它一直在玩着镜子游戏。今天,众多的事件已经非真非假,它们只是在玩着荧光屏的游戏。人们现在不能更多地将事件与荧光屏分开,就像从前不能将感情与镜子分离一样。

在大厦和高楼勇敢地摆脱重力的过程中透着某种仿古风格。人们想象,高楼应该从十五层楼开始更好,因为只有从这一层楼开始才令人感兴趣。

或者说某个建筑可以从天空上面开始,它借助不相等的推力与地面接触,无疑还不会在地面停止。这样,理论应该从事物的结局开始,从它先前预测的海拔开始,然后重新回落到"现实",并继续向前推进,因为现实仅仅是一根假想的线段。

如果人们想要让理论向现实的两面无限延伸,那首先就要拆除底下的十五层楼……

假设和演绎的女人,即那些接触到真实就会兴奋的女人,她们那经过灭菌的骨灰在空中勾画出奇怪的阿拉伯式装饰图案,尤其是在黄昏时分……

一个女人可以浓妆艳抹,使得她的消失永远无法确定。生活也可以尽量神秘化,使得它的反面永远不能确定。

永远也不要抗拒你喜欢的一句话,那种语言本身就能自得其乐,而且在你长期滥用这种语言后,你会对它的单纯感到震惊。突然间,给语言提供快乐就像给女人提供快乐一样——同样出乎意料,如此不合常规,如此稀有。

不久,眼镜将不再是一种假肢,而是一个视觉消失了的种群的遗传体征。

归根结底,没有人能自我承认生活的权利。但是总的来说,这个死亡的判决仍然很热门,它被隐藏在生活困难的背后。如果哪一次生活的困难消除,死亡就会从天而降,让你不可思议。

某个熟悉的物品出现在眼前已有二十五个年

头。需要多少世纪才能让它消失呢?而我呢,我已经改变,这是不正常的,毕竟需要大家共同分担责任。这是我对无生命世界的唯一异议。

想象一个运动着的、充满性意识的物品世界,它被一个静止的、无性的人类世界包围着。物品似乎都有名称,而人类却没有。我们将无法忍受这个世界。我们怎么能假设它们能容忍呢?牲畜、石头、物品不停地破坏着人类的秩序。而我们则刚刚从地狱里走出来。

电视:里面的每个图像都是无明天的逐渐昏迷。然而艺术也逃脱不了这个命运。在当代无数的艺术形式中,剩下的只有消失的魔术,造成一些失血的快乐。

绝梦比绝经还要糟糕:这是精神排卵的终结。

言语活动的分节组合如此糟糕,必须发明一种双重分节①才能使言语不伤人。

既不肤浅,也不巧妙——严肃又具有兽性。
知识兽性的崭新形式。

由于不断地照镜子,主体变成了血友病患者:血不再凝固。由于不断超越,血流就不再停止,任何伤口都无法愈合。

被人梦想的女人性:她仅仅生活在男人的大脑和欲望中。女人可以成千上万地聚集起来,她们永远不会产生这个形象,这个形象只能来自其他地方。如果女人不再接受让人梦想,包括在暴力幻觉中的梦想,那么,她们将会失去她们的享受和权利。男人从来没有主张将对女性诱惑的控制从大脑中赶走——声称能够垄断自己的性别,这是解放了的

---

① 双重分节(double articulation),语言学术语,见法国语言学家马丁内(André Martinet, 1908—1999)的《普通语言学纲要》。马丁内指出,任何人类语言都是双重分节的,即在语义层次上由意义单位构成(第一次分节),在语音层次上由区分单位构成(第二次分节)。

性别最可怕的特权:"我甚至不会再生活在你的梦中。"男人应该仍然是理想女人的主人。

在大高原上:有一种地球球体性的可触摸的幻觉,这种幻觉由云雾和云的影子在地面上迅速滑动而引起。就像在某些很明亮的夜晚,尽管这是另一种方式,人们还是会感觉到天球、天空或星空与地球的曲线相耦合。如果说我们的世界是一个球体这件事,它似乎对我们的生活方式,对我们再现世界没有直接的影响,而在这个世界中,我们习惯于以线性的用语修正一切,但这对我们的思想曲线肯定会产生很多后果。在地球的球性中,甚至存在一种对人类任何"规划"具有讽刺意义的回应。如果下层基础是曲线,一切就改变了模样:必须曲线地思想,以适应地球与天球的球性。

应该郑重其事地说,写作是一项不人道和难以理喻的活动——在这项活动中,必须始终带着某种蔑视,没有幻想,并且让别人相信自己的工作。

粉状的水：只须添加水，就能得到水。

女人在思想的威力面前，男人在肉欲的轻浮面前，他们都表现出同等的恐惧，这使得他们在很多年里两情相悦。

某些物品在一种文化中头尾相互呼应，如果在**革命**的符号里，苏维埃和电力有某种关系的话，那么在**衰退**的符号里，无意识和冰柜就有另一种关系。正如人们冷冻食品一样，在无意识里，人们对冲动和符号进行精神上的冰冻，然后时不时地从中抽取一些幻觉，一些冲动的碎片，一些能指的序列。此外，人们还通过下意识的中继阶段来解冻它们，这个阶段相当于冰箱的阶段——精神分析学家，又是冷冻大师，他在自己的工作室里对疯狂和梦境进行谨慎的解冻。

弗洛伊德曾经想过给美国带去鼠疫，但是，美国则通过真正的冷冻，通过精神和性欲的冷冻，成功地抵御了精神分析的低温。针对无意识的黑色魔术,他们运用了宣泄的白色魔术,如空调、灭菌、精神冷淡以及信息的冷媒介。

放假绝对不是解决城市阻塞和拥挤的唯一办法,也不是解决工作忙碌的办法。相反,人们在普通生活条件的加强中和对形势的任意加重中寻找一种逃避:更加远离自然,更加靠近人造物,更加靠近抽象,更加靠近整体的污染,包括工作压力,拼命努力,高度集中,单调乏味。这些都远远高于平均值——这就是大众消遣的理想。没有人想到要摆脱这种异化,而是一味沉溺于其中直到入迷。这就是假期。晒黑身体扮演着超自然的证据,即他们接受了这种正常生活的条件。

无论从哪方面讲,重抄注释都不是知趣的行为,我从中只能预感到痛苦。这是一种死亡的停顿,暴力的中止,为什么在展示手稿时要中止展示它们呢?如果这些注释只能用手来书写,那是因为它们既不是一本书,也不是什么思想。这样,它们就构成了一个秘密的文本,不过这也没有什么意义。应该为它们预设一个偶然的结局,一个不确定的期限;或者更恰当地说,提供在毫无防备的情况下遭到突然袭击的机会,没有防备是指文学作品中建立的那种防备。但是,这种对于文学的厌恶本身让我心烦。对它的诊断非常简单:严格地说,没有任何理由要在抽屉里藏一面镜子。

她什么都做,她唱歌剧,拍摄电影,甚至还当制片。她像神灵一样善于游泳,她美若天仙,她出生在墨西哥,她有一身白皙的皮肤,眼睛碧蓝而眼神灵活(这是少见的)。她看上去像根青藤或像一枝牵牛花,苗条的身材包裹在紧身衣服里,衣服镶着白色金丝线。她会讲五种语言——这实在了不起,太了不起了。在完美的顶峰,她重新变成了一个贞女,必须把她毁掉。

文化反对任何的遗传学资本。正是魅力的打击,漂亮的打击反对着生物学,反对着遗传性等,将整个朝代概括为一代人。

在仅仅一代人中不能获得的东西,就是自在和勇气。改行者是懦夫。

从冲突中凸现的东西,正像从马尔维纳斯群岛①冲突中得出的结论那样,就是南方和北方之间激情的不平等的比例尺,再就是一种发狂的逐步升级。这种发狂(在以色列和阿拉伯国家之间的情况也一样)就是总看到那些自己瞧不起自己的弱者,看到某种来自高等种族的毛细管特性②,以至于在他们采取报复行动前,他们会胆战心惊,而更情愿采用自杀的离奇做法。在激情的秩序中(那是强权的真正秩序),相同的国家,相同的民族在白人战略的高效率面前,永远地注定只能发发怨气和无能为力的歇斯底里。让人无法忍受的就是这一点,这也会让我讨厌南方的民族,讨厌伊斯兰教的民族,因为他们的软弱愚蠢,因为他们自杀的修辞。正像那些可爱的白人,我有些讨厌那些纯种的和生硬的白人,他们对自己永恒的胜利确信无疑。正是这种激

---

① 马尔维纳斯群岛(Malouines),阿根廷东面大西洋中岛屿,现为英国占领,称福克兰群岛(Faulkland)。1982年4—6月,英阿两国间为争夺该岛屿的控制权发生了军事冲突,军事史上称"马岛之战"。
② 毛细管特性(capillarité),指血管从毛细管到大血管相互联通、逐步升级的特性。这里似暗示社会集团成员在社会阶层中升级的可能性。

情中的不平等,道德和勇敢中的不平等(他们剩下的只有死亡),使得被压制的民族永远都不能达到他们自身力量的地位——让人不合常理地想象一个真正力量对比的世界,在这个世界里,镇压至少应该从世界秩序的角度得到证明。

1982年10月

碧玉眼中的年轻女失业者。

整个一代人已经消失或早已改变了方向。在社会主义的帮助下,反对理论激进性的火焰又燃烧起来。对知识阶层的象征性谋杀,与沉默的多数派对政治阶层的象征性谋杀完全相似。

两种极端的立场都很有特色:什么都没有实现,也不能指望什么,上帝与我们对着干——一切都已经实现,许诺也得到兑现,上帝站在我们一边。

两种立场造就的社会都是没有希望的社会,一些是因为希望已经实现,另一些是因为希望无法实现。然而并不是希望造就一个社会的力量,而是从现在起就自认为这个社会已经完成。伊朗和美国奇怪地聚集在流产的沙漠突击队行动中,这是两个完全对立却已经实现了的社会的范例。宗教在那里担任着功能,作为对伊朗社会礼仪活动的认可,作为对美国先进技术的惩戒。

在日本,有 27 个词汇用来翻译"符号"一词,却找不到一个词来翻译"社会性"。像这样思维的社会真是少见。

日本"社会"只能将理想变成社会现实、历史现实和政治现实——这在巴西和伊斯兰国家实属少见,在美国社会中无疑也是如此。最终,我们仅仅是少数几个罕见的集体,能够培育出社会契约的精美花朵。

而今天,社会契约正在消失。

变性并不具有诱惑性,它只是能挑逗人心。

两性之间简单的暧昧关系与诱惑的精神喜悦没有任何关系。

有一种由身体的二重性导致的生理紊乱,但也有一种由性别的二元性产生的形而上学的魅力。

男人逃避女人的性要求,可能是出于假两性畸形或是男扮女装。女人逃避男人的性要求,那是因为羞耻或是巫术。

在意大利,男人很温柔,而女人从来都不温柔。可以感觉到她们要无情地报复,她们的肉欲充满了辛酸,她们只有在泄气的男人中生活才能快活,并且乐于交换男人,同时也交换着她们那疯狂的嫉妒。

意大利关于强奸的法律是惩罚"诱导"(indurre),也就是说任何强制的请求形式,拐骗形式,或什么形式。一个眼色、一个姿势、一个表演的动作——这些都是强奸行为,因为这些都是符号。哪怕一个小小的信号都是拐骗的前提。这也是女性主义者的想象物:在强奸和诱惑之间没有差别,别人任何主动的搭讪都是无法接受的男女混杂行为。

但是,不可侵犯和不可剥夺的身体究竟是什么?一个阉割的梦想。女性主义的梦想,也是法律的梦想[人身保护法(habeas corpus)]。

不仅仅是诱惑,而且即使是强奸,也不会没有一个细微的信号。一个能够真正熄灭所有自己的信号的人,并且不发出任何预想的回应,那么他就可能得到保护而免遭暴力。况且这就是我们面对身体侵犯以及攻击性要求时本能地采取的态度:熄灭害怕或欲望的信号。

当她跳了一夜舞,于凌晨五点的时候睡到我的身边,这是一段美妙的时刻。我假装睡觉,她是知道的。在她的身体里还回荡着晚会之夜的回声,现在静静地躺在我的身旁,可是晚会的音乐还在她体内继续爆发。被单下面一冷一热,处于她那疲倦的、因灯光和运动而过度兴奋的身体和我的身体之间。而我的身体很卑微,一动不动,用我那微温的身子吸引着她。某种嫉妒感加重了这种奇特的并列:一个身体跳过舞,另一个身体睡过觉。但是,一个身体的表面电荷消失在另一个身体的梦想深处。相反的情形也很美,当我回到家,躺在她熟睡的身体旁边。庆典的兴奋熄灭在另一个人的热量中,熄灭在他那同谋般的寂静中,就像夏末的沙滩上的寂静,阳光还很温暖,但已经无人享受它。

人们要想将某种东西上升为理论,把它归纳为该诅咒的部分,那他自己就属于该诅咒的一部分。

要明确说明一些事情已经显得滑稽可笑。但最糟糕的是要给本身并没有意义的东西赋予某种意义。We are all pretenders.[①]

清新和芬芳的裸体处在黑暗中,紫外线下安静的裸体就在窥视者红外线的目光下。

正因为回忆让你感到痛心,你才能区别崇高与惬意。

---

① 英语,意为:"我们都是自以为是的人。"

她的头很轻,在枕头上没有留下任何痕迹。她睡过的床被褥没有摊开,好像被单几乎没有动,好像被单只是紧贴过她的身体外形。她是那么谨慎,那么轻柔,就像庄子那从不变钝的刀刃。在睡着以前,她的身体仅仅有些许痉挛,这是喜悦的痉挛的回声。

一块石头,在接触地面时,其能量在热度方面似乎没有降低,它还有可能弹跳起来,永远保持那种不变的弹性。没有这种摩擦,没有这种接触,没有这种能量损耗,那将是永恒的运动。

物质世界中不可想象的东西,能否成为精神世界的法则呢?一种在磨损、蒸发和副作用方面丝毫不减少能量的思想,一种善于防止各种后果、避免各种影响、脱离各种参考的思想,它能否重新无限期地弹跳起来,并在虚无的空间中保持潜在的伸缩性,保持运动体的最高权力呢?

维克多/维克多利亚①

在这个女人装扮男人的过程中,正是女人性通过暧昧增加了诱惑的魅力。这个女人在抽烟时会显得更加美丽,因为她仍然是女人,却用相反的符号施展她的魅力。没有任何东西可以引诱男人,还应该引诱男性的符号。

引诱强盗的不是同性恋的魅力,而是借助变形对女人性的占卜,是女人性在其消失游戏中对女人性的预感。

这种暧昧的崇高形式是女人特有的东西,另一种形式,即男扮女装,这仅仅是一种滑稽的举动。

电影的结局表明:对男性而言,通过扮演女性的符号以光耀男性气质,这是不可能的事。这早已是妮可②的豪华的思想,即假的男扮女角的思想,真正扮成女角的男人是畸形可怕的,而假的男扮女角的男人则非常神奇。

原因是只有女性还保留着一种揭露的强大力量——而男性从此以后就不再有什么秘密,他的不

---

① 同名电影《维克多和维克多利亚》(*Victor/Victoria*)由朱丽·安德鲁斯(Julie Andrews)主演,上映于1982年。影片讲述了一个精彩的性倒错喜剧故事:20世纪30年代的巴黎,一名落魄的女歌星在饥寒交迫之下乔装男人进而扮成人妖在夜总会演出并大获成功。

② 妮可(Nico, 1938—1988),原名 Christa Päffgen,德国著名的女模特、歌手和演员。

幸就在这里。

女人性属于秘密,男性则属于淫秽。结果是被压抑的女人性非常残酷(她让人无法猜透),而展开的女人性则非常可憎(她变成了男性,显示出男扮女角特性)。

男性天生不具有暧昧性,男性只存在于阴茎勃起时,它总是形成一种略微有些可笑的景观(女性在乔装时更像是具有讽刺意味的)。

"怎样和一个扮成男人的女人在一起生活呢?"

"可你呢?你是不是一个自称不是强盗的强盗?"

"真实的生灵在哪里?假冒的生灵又在哪里?"

"We are all pretenders. 我们不都是全部生活在双重生活里吗?"

"我们不是都卷进了暧昧的轻喜剧中吗?"

一切暧昧的东西都是女性的东西。一切不暧昧的东西都属于男性的范畴。这才是真正的性别差异,这种差异既不在性器官中,也不在生物学方面。

将男人融入机械的和系统的结果的倾向越强,

就越是要背道而驰,要假设一种非逻辑的最高权威,假设一种事物的物质智慧。这并不是一个神秘的假设,这是唯一可笑的假设。

规则虽然明了,但并不影响规则的秘密性。秘密可以被揭露或掩盖,但不会因此而变得不秘密。秘密在其本质中甚至是完全可见的,但是这种可见性并不会消除它难以捉摸的特性。

生活中原始的情形之一,就是捉迷藏的游戏。当你躲起来,别人在找你的时候,那是多么战战兢兢;被人发现时,虽然害怕,可又是多么美妙;而当别人找了很长时间又没有找到,最后放弃时,那又是多么恐慌。不能将自己隐藏得过好。不能太善于演戏。演员永远不要显得比游戏本身更加伟大。

这就像一句很巧妙的话,它是那么巧妙,以至于没人注意到,而最终你不得不被迫向人解释。

能否从中吸取另外一个教训呢?

在恋爱主体之间存在着一种各自的资本,不仅有情感或快乐的资本,而且还有孤注一掷的可能性,或对你在对方心目中的分量进行加倍。策略之一:在恰当的时候牺牲这个分量,并且第一个说"我不玩了",因为这时候你可以吃进所有的赌注。

疯狂只有经过治疗才显得淫秽,身残者只有在得到别人的治疗时才显得淫秽(handicapped is beautiful①)。那些将邪恶的残酷性淹没在目光的情感性中的东西就是淫秽。淫秽的最佳体现就是怜悯,这是厚颜无耻的优越感。

在南泰尔②,在一节关于诱惑的课堂上,有一位运动机能和语言均有障碍的残疾人,他声称一直在谈论并确切地在谈论诱惑,但他失败的讲演让听众对他的热情日渐冷却。有一天,来了一位漂亮的女权主义者,她反对诱惑,说这是性别歧视的观念。她靠近残疾人坐下,在他整个发言过程中,亲切地向他靠过去,悄悄地将一支点燃的香烟送到他的嘴

---

① 英语,意为"残疾的就是美丽的"。
② 南泰尔(Nanterre),法国上塞纳省省会、巴黎第十大学所在地。这里指巴黎十大。

上，让他抽烟。完全像是在让他口交，她一边像母亲一样让他吮吸烟蒂，让这个男性废物给她充当假情夫和替代者，一边强烈抨击男人只想着去诱惑别人。这位既漂亮又撩人的姑娘通过这个可怜又无能的脊髓灰质炎患者，精心策划了她的报复。而他本人在这种始料不及的强奸下，脸上痛苦地显露出快乐的神情。是啊，角色本应该颠倒一下，可又朝向何方呢？她通过狡黠的快乐似乎也让我本人在抽烟，她通过这种表演所享受的恶意的快乐，我在脸色苍白和神情倒错的残疾人那克制的快乐中感觉到了。这个残疾人从一开始就很讨厌我，我也从不隐瞒他给我产生的恐惧感——但是他现在让我产生的恐惧感则更加厉害，因为在那个姑娘象征性的抚摸下，我自我认同为与他完全相同。她一边撩拨我，一边在为他手淫，几乎在我的眼皮底下。她似乎还跟我说："瞧，如果你是个先天性痴呆儿，或是一个性无能者，你就有权享受我的爱抚，我通过他强奸你，而你对此却无能为力。"（后来，在一个晚会上与她不期而遇，她开始不知羞耻地挑逗我——然而我真希望自己是那个残疾人，是那次研讨会的时刻，是她将香烟放在他嘴唇上的那一刻。）

她一点也不认识他。她是灵机一动坐在了他

的身旁,把他当作陪衬物。这很卑鄙,但很高明。没有他,她也许只是个滑稽可笑的女权主义者。

我喜欢这种特别而残酷的报复方式,就像我喜欢这些机智的行为一样,这种行为干净利索地中断了故事的下文。我喜欢这个女人,尽管她不太体面地利用一个残疾人来推销她那个不讨人喜欢的女权运动;就像我喜欢另外一个女人一样,她对情人含情脉脉的恭维报之以秋波。

立体声效果、高保真音响那无用的复杂点从哪里开始?音乐在真实性的萦绕下逐渐消失。社会那无用的复杂点又在哪里?在社会之外,社会也变成了立体声,并且在安全性的萦绕中逐渐消失。现如今,对于技术性和真实性的萦念让我们最终远离音乐。这种萦念为音乐创造了一个虚假的命运,也给社会创造了一个虚假的命运——在完美的执行中实现这个命运。

·不久以后,我们将拥有随身听或录像机形式的梦想,我们可以给它配音、放慢或加速,就像电视机里的画面,如果我们愿意,还可以重放一遍。也许我们还可以将自己连接到别人的梦里,使用调频方式,并在我们的梦中通过电缆进行对话呢?梦最终有可能变成一种交际手段。

反过来,随身听的音乐会像梦一样钻进我们的身体。它既不在里面,也不在外面,音乐从我们的眼球后穿过,就像一卷体感磁带。然而是我们在操作它。我们只接受可操作的图像或感觉。我们对图像的物质并没有过多的期待,而是从可触摸的和数字的操作中期待一切。

有一个唯一能让我们免遭变化的东西:流亡。在非真实的地方或世界的另一端,去忧愁之乡或是南方——流亡是一种美妙和舒适的结构。

唯有流亡者才拥有一片土地。我认识一些流亡者,他们被自己的兄弟赶到万里之外,唯有如此才觉得离自己的国家很近。其他流亡者则是游牧部族,他们在文化的沙漠中追寻着自己的影子。

存在两种形式的安静:一种是言语的安静,另一种是声音的安静。而后者对我们的影响更加深远。

约翰在正常地成长,但令父母失望的是他不说话。大约 16 岁时,他喝茶的时候终于开了口:"我很想放点糖。"他母亲非常惊讶,便问他:"哎,约翰,为什么直到现在你什么话都不说?""因为直到现在,一切都很完美。"

如果一切都是完美的,语言就没有用处。对牲畜来说果然如此。如果说牲畜不说话,那是因为对它们来说,一切都安排得很完美。假如有一天牲畜开始说话了,那是因为世界已经失去了某种完美的东西。

"我想要你"这句话有点淫秽。

"你让我快乐"①这句话则更为巧妙——他人是快乐的主语,而非欲望的宾语。

欲望只是想享乐,而快乐是让人开心。

不存在让别人快乐的欲望——"让人快乐"是无法抗拒的。

曾几何时,让人快乐也替代过欲望——今天,欲望让我们与快乐两清。

年龄甚至也能当作"自然的"反常来进行游戏。女人们在她们父亲身上寻找的不仅仅是另一代人的秘密,即更接近于死亡的那一代人的简单秘密,她们寻找的还有从前生活的秘密。

碧姬·巴铎
——我的替身做了阑尾手术。
——你不会去跟整个世界去睡觉,这不可能,这是一种强奸。

---

① 这里两句话在法语中都表示"我爱你"的意思,但主语不一样:前一句为"Je te désire";后一句为"Tu me plais"。这两句话的施动主体不一样。在后一句中,是"你"让"我""快乐",而不像前一句中是我主动"要你"。

——我非常理解被镜头和冲锋枪围捕的野兽。

——一辆白色劳斯莱斯轿车和一个黑人司机。

女人　强大　女人。

长途旅行归来。

那些活着的生灵是怎么做的？以便在彼此相距这么远的地方生存下去,并且忙碌于自己的事务,而对他人不闻不问。他们是如何在你们不在场的情况下影响这种永恒性的？在惊讶于他们几千公里外如此默契的平庸时,你却在速度的超现实主义的接近中经历着这些距离。还要惊讶于众多城市的同时性,这些城市由飞机集合成唯一一根夜间对角线。

实际上,国际都市都是同心的、同构的和同步的。只存在一个城市,而你总是在同一座城市中。这是持久革命的结果,就是繁忙交通及其瞬间磁性的结果——这与乡村世界不同,在那里,不存在交换的世界同时性的感觉。要通过时差的短路,按生存的现行犯罪去抓住城市。

唯一的策略,就是对两个相反的解决办法中的任何一个都不在乎。只有在那里,一切才可以轻轻松松地发明出来,因为你不知道你将会落入怎样的命运。这就好像不同思想同时来自两个方向,因为你也可以自由地使用别人的策略。如果他失败了,那不是由于力量对比的关系,而是你本来完全可以和他站在一边。这会让你联想到计策和解决办法,面对这些计策他只能低头。

如果说心理玄学或外星现象是真实的话,或者简单地说确有其事,那么就应该不失时机地完全投身于有关研究。我不明白为什么要在其他事务上浪费分分秒秒。这对科学而言也是值得的。如果科学就像它所呈现的那样,而真理也如同它所宣称的那样,那么它们就值得我们付出绝对的激情。然而情况并非如此。不仅仅是普通大众,就连科学家自己的投入也是软弱无力的。面对真理,我们只感受到一种相对的热情,一种随意的参与,就像对待那些非理性的现象那样。只有对科学的悬念能够激起一种突发的激情,但这是悬念的激情。如今触发激情苏醒的是这样一个事实,即使是科学家,他们也承认科学是没有出路的。

科学的细致性现如今也只能生产人造的立体声,它产生的是立体声学和全息影像的效果(脱氧核糖核酸螺旋体就是其中之一),而仅仅这个阴影就足以构成对外表的侵吞。但是,这样截获的真实即使不是不可逆转的,至少也是颠覆性的。在科学那巧妙的折磨中,真实向来只是在承认它自身的不存在。

其实事情越是深入,它就越是会像在凹面镜上那样逃向远处。继逃向超验性之后,继对世界的承担上升到高度后(法律、观念、上帝、真理),紧接着就是往下层逐渐消逝的过程,朝向内在性的幸运逃逸。

女性就在这里苏醒,没有意识形态,也没有性行为的歇斯底里,在一种愉快的挑逗中,在一种免费展览的猥亵形式中,在一种无欲望的性器官的讽刺性舞台美术形式中。是轻度的、透明的性倒错。人体的新型寓意。

　　小小的漠然的深入
　　小小的历史的启示
　　小小的淫猥的意图
　　小小的人为的侵吞
　　小小的清晨的晶体
　　小小的性感的灰色天空
　　小小的亲密的偶然侥幸

　　我们活着的人从来没有赤裸过——目光、声音就已经是装饰物。只有在羞愧难当时,当理屈词穷时,我们才是赤裸的。还有,恰恰就在死亡中,死亡是冒犯中最糟糕的举动。死人们从来不会赤条条地出发去长眠。女人也从不会全裸地睡觉——她总会带着一样首饰,搽着脂粉,抹上面乳,还有给她充当饰物的思想,以抵抗睡眠的深渊。

正在电解着的目光

正在女性化的嘴唇

正在两性化的眼睛

正在粉碎着的梦境

树木对历史的时刻无动于衷。梦幻对解释毫不在乎。人民对自己的胜利漠不关心。团体对革命无动于衷。在革命的第二天清晨,面孔的身份闪现出玄学的光耀。面部特征并没有改变。人们期待着强烈的照耀,事情就是这样,就如同和自己的姐妹睡觉一样,对生活并没有丝毫的改变。

保护受害者同样是一种暴力,因为同情也是淫秽。

身体上的暴力不会触及受害者的最深处。怜悯心或团结精神却正中要害,会伤及他的自尊,触及人所表现出来的那种无人性、残酷和虚荣的一面。

残酷针对的是能够超出自己能力的人,而同情瞄准的是因满足现状而有罪的人。

如今,如果团结精神像大多数时候那样只是分担一个悲惨的命运,那么它本身不过是卑贱的一种形式。

眼睛贪婪地看着,越过睫毛的云彩,强奸着充满泪水的眼睛,直到一种诱惑的思想照耀下的虚伪太阳,通过眼泪享用他人——现代的和情感的吃人肉习俗。

仇恨与阴谋的交织,流派的纷争和情绪的冲突,让知识世界中的每个微不足道的人,即生活在一种过度显示和意识模糊的状态中的人,让他们自己喜欢自己,同时又与他人相互仇恨。这里有一种不可思议的敌视,犹如成千上万条毒蛇相互缠绕在一些连通管里。各自的分裂是这个微型社会的装饰,进入知识圣殿的入门考试就是这份仇恨和排他的合同。外省的激情被复杂的表达方式所激化。某些美丽和真实那令人困惑的结果能够时不时地从人际关系的粪土中喷射出来,这一事实仍然是一个奇迹般的悖论,即考虑倒错作用或美德的诡计。

电影片头超过了电影本身,这事由来已久,在大胆、幽默、处理图像的消隐艺术等方面都是这样。如果说差别不再有那么大,那是因为电影已经被排列在电影片头中了。

在成堆的信息后面,人们勉强能看到现实天穹中发生的事情。但是,在非现实的天穹中又在发生着什么呢？再没有批评的距离,只有纯粹的距离。纯粹的距离不再产生于对目的或手段的反对,而是产生于毁灭原因的某个后果。纯粹的距离使客体退回到绝对的客观性中。于是出现了许多新的激情,在其顶峰闪耀着幽默的激情、客观偶然性的激情、天文复杂性的激情、魅力的激情、寓意的激情、消隐的激情、冷漠的激情和急躁的激情。

负片的工作。负片在历史上已经结束使命,在视频和数字图像方面同样结束了使命:不再有负片,不再有景深,清晰度很低(只有特写镜头还算清晰)。这是对图像即时的正片式综合。可触摸的和数字式的:不再有目光可见的图像,只有数字感官可以感觉到的图像,这是计算机处理的和控制的感官。

维立兹①。这里有被注射了光纤的比利牛斯山牧羊犬,有电磁波中转站,还有有线电视。难道其利益得失就有如此之大! 而且不仅仅是社会的利益得失。那些人是否认为他们生活在社会中,和他们的邻居和牲畜居住在一起,有他们自己的故事呢? 其实有的只是耸人听闻的落后条件,对信息的一切优良物质进行的可怕的解除剥夺,还有他们被禁闭其中而且又不能自我表达的野蛮的孤独,等等。

在从前,人们还能让他们平安地过日子,如果要围捕他们,那是为了让他们累死在城市和工厂里,或战死在沙场上。为什么在他们什么都不需要的时候,人们会突然需要他们呢? 他们应该用什么作证呢? 因为如有必要,人们会强迫他们这么做

---

① 维立兹(Vélizy),法国地名,是位于巴黎西边的一个小镇。

的：新的恐怖，不是1984年的恐怖，而是21世纪的恐怖，它就在眼前——新的黑人文化就在眼前，这是新的不情愿的奴役。已经有一个信息的蒙难学者(martyrologue)。布列塔尼居民在中转站被炸后，很快就收到了电视……维立兹……比利牛斯山脉。新的实验对象。新的人质。在信息的祭坛上受折磨，在控制台的耻辱柱上示众。活生生地被信息化处理。所有这一切，就是为了让他们承认人们给他们充分享受的无以名状的善行，为了逼迫他们承认自己对社会生活的适应性，承认他们协作性类人猿的"正常"状况。

社会主义孕育了知识分子立场的分解。

忘记掉他们所说的东西。或者他们自己也不相信自己所说的东西，或者他们为了相信它所做的巨大努力实在令人生气。

我们正处在这样一个时代，精神和知识的结构正在被人埋葬,湮没在回忆录及档案馆里,远离阳光,而且正在寻找一种沉默的效率或一种不太可能的复活。出于对2000年的谨慎,所有的思想都在被埋葬。这些思想已经预感到2000年的恐怖。在等待找到一个存活手段的过程中,这些思想本能地采纳了浸在液氮里的低温保存办法。就像被埋在巴黎中央菜市场地下棺材里的陪葬品,作为灾后数代人的虚拟博物馆和考古场所。这些思想将永远不会苏醒,但它们对此却一无所知。2000年不会发生,然而它们对此却一无所知。

假装死人。从麻痹状态到动物的模仿,或早期基督徒弥赛亚的抽搐,这些信徒厌倦了等待上帝的许诺,曾想通过他们自己的死亡来加速耶稣再降人间。

在任何一种自杀或失踪方式的背后,存在着相同的承诺:通过将目标提前,这就形成了应有尽有的引诱上帝的诱饵。必须设置一个陷阱让上帝背离历史。卡塔尔教徒①早就为这个目标发明了完美

---

① 卡塔尔教徒(Cathares),中世纪法国南方的一种异端教派。

的形式,目的就是让上帝放弃等待,并将上帝置于即时的责任面前。

恐怖主义所做的无非也是如此:它试图通过一个即时的行动,让权力机构落入圈套,而不是等待历史的终结。恐怖主义将自己放在终结的陶醉状态中,希望引入最后的审判的条件。这么做当然无济于事,不过这种挑战却令人赞赏。

在笼罩在当下世界之上的灾难的整体幻觉里,有没有这种要求的一丝亮光? 即人们要求一种有力的解决办法,而不能让事情逃避到极现实(hyperréalité)中。如果我们依稀可见的目标远离我们而去,如果很显然这个启示永远没有时间到达历史的终结,因为历史在这个期间已经发生(这还是卡夫卡所说的弥赛亚的历史:太迟了,总是太迟),那么完全可以假装死人,拿终结的岁差做文章,走救世主降临的捷径,篡改事物的形势,加快时间的进程等——在完成任务的迫切中,许诺就是秘密的直觉,而许诺本身无论如何都是虚假的和魔鬼般的东西。

当人们没有成功地摧毁某种事物,而是成功地将其来源和终结抹去时,这个事物便消失了(这是否就是解决幻术师问题的方法?)。然而这个事物并非在物理上死亡了。它会在一种蒙受天宠的状态也即消失的状态中大放光彩。这开创了一种二次的形式,纯粹而又空虚的形式,即事件或人物的形式,这就是命运的形式。

消失的事物完全有可能重新出现。因为死去的东西是在线性时间上被毁灭了,可是消失的东西将过渡到星座状态。它变成了一个轮回的事件,可以把它带回来许多次(这是帕拉塞尔斯①的玫瑰的秘密吗?)。

我心爱的人儿飞向了塞维利亚②
她肯定不是独个的她
然而我仍然梦见到她
还有共同度过的夜晚

---

① 帕拉塞尔斯(Paracelse,1493—1541),瑞士医生、炼金术士。"帕拉塞尔斯的玫瑰"是瑞士的一个传说,据说这位炼金术士能够将烧成灰的玫瑰重新恢复成一朵鲜活的玫瑰。
② 塞维利亚(Séville),西班牙南方城市,安达卢西亚自治区的首府,有2000多年的历史。瓜达基维尔河经塞维利亚市流入大西洋,因而塞维利亚港是伊比利亚半岛上最重要的河港之一。

俳句①

诗歌散发出过多的诗歌味。哲学散发出过多的哲学味。二者都遭受着讨厌的重复话语的痛苦。动词的用场,深度的用场。这两者同样让我们厌烦。

这个人(《威尼斯套间》②的主人公)可能会有一个完美的人生。他不仅要被跟踪,被拍照——崇高的命运——而且因为他逃走了,就必须在没有他的情况下重新拍摄所有的照片,他将可能被替身——可笑的命运。

恐怖主义是对我们社会上那种极容忍(hypertolérence)的不可容忍的反动,就像强奸有可能是一种对我们无限制的性容忍的不可容忍一样

---

① 俳句(Haïku),日本诗歌的一种形式。原为俳谐连歌的第一句,经正冈子规(1867—1902)提倡而成为独立的诗体。
② 《威尼斯套房》(*Suite Vénitienne*),法国女作家及艺术家索菲·卡莱(Sophie Calle, 1953—)于1980年出版的作品,这是以照片和文字说明构成的艺术作品集。

(强奸率随着性解放的比率逐步增长,这是自相矛盾的)。这是第二代的暴力——是对暴力缺失的反动。还有第二代的疾病(癌症):它们是对身体过度保护的反动。

当一个女人躺在你的臂膀里,熄灭了所有快乐的信号灯,只留给你一个乏味的强奸的办法,而没有任何其他解决办法,那么任何的幻觉都不起什么作用。可是,如果当她提出性要求时,并不留给你一点强奸的幻觉,那么同样也不起什么作用。

真实的东西是肥胖的,食人肉的,怀旧的和多愁善感的。上帝保护着我们免受它们的影响,免受世界的放纵的危害。讽刺则保护了为数不多的世间的真相,还有它那不确定的命运的比率。

在从巴塞罗那回来的飞机上,我曾经感到很害怕。飞机上载着一群从巴利阿里群岛①来的老年人,他们当中很多老太太是有生以来第一次旅行,有点像去卢尔德②朝圣——而且人们知道这些就是能坠毁的飞机。

他们的吱吱喳喳声,无事的闲聊,无谓的争吵,深深的失望,这一切当时形成了一种灾难的预感,就像临近蠢事时常常发生的那样。

一群微醉乘客的可恶总会冒犯背景的崇高,尤其是空中飞行的背景。他们对平流层中滑行的不尊重,这无疑是我们交流速度的最佳隐语。这是既缓慢又是超音速的隐语,是由我们的分析构成的超自然表演(我们祖先的超越是在山上进行的,而我们的超越是在空中飞行的连续颠簸中进行的,那是垂直性在横向跑动,是活动的海拔)。他们对这一切愚蠢的无动于衷,可以说在召唤着某种神圣的惩

---

① 巴利阿里群岛(îles Baléares),西班牙语为 Islas Baleares。位于西班牙本岛东南方的地中海中,面积大约 5000 平方公里,群岛由一系列的岛屿组成,主要有马约卡(Mallorca)、梅诺卡(Menorca)、伊比萨(Ibiza)及弗门泰拉(Formentera)等。

② 卢尔德(Lourdes),法国南方城市,上比利牛斯省省会,位于波河(Pau)岸边,是一个宗教朝圣地。据民间传说记载,1858 年 2 月 11 日,有一位 14 岁的牧羊女贝尔娜岱特(Bernadette)来到波河岸边拾柴,圣母玛丽亚忽然出现在她的前面,此后圣母玛丽亚曾 18 次在同一个地方出现。因此,这个小城成了天主教最大的朝圣地,许多欧洲乃至世界各国的天主教徒来此朝圣。

罚,而我开始使劲地从舷窗往外看,希望能够转移上帝的报复。

绝对零度的秘密。尽管热的攀升没有极限,而冷的深渊却有限度。在人无法跨越的零下270度,即极限点的边缘,会发生什么样的事呢?分子的绝对静止,布朗运动本身的停止——因此造成不确定的终结?

死亡只是一个相对的阶段——当你想到这一点,尸体就继续蠢动着电子的激烈运动。对我们祖先来说,这种蠢动终止在腐烂尸体上的蛆虫拥挤中,而对我们而言,这种蠢动一直到达原始热汤(soupe originelle)的粒子蠢动中。

这是速度的反面:在光速之外不再有速度,这是加速度的绝对极限,而慢速度却可以达到无限小。没有绝对的静止。

疯狂的思辨,事实上是与数字迷信相关的思辨:正是线性特点孕育了这个不可逾越点的思想。品质本身是没有限制的:红色之外有紫色,紫色之外有另外一种潜在的感觉。这就是变形的领域。

当你说话的时候,她只盯着你的双手看。她好像被你双手的运动迷住了,根本就不听你讲话。奇怪的动作,运动令人感动,是温柔的疯狂……这跟恋爱时举动相同,它告诉你:看着我,不要离开我,不要让我一个人独处……

湿润的、鲜红的、清澈的嘴唇。清新而讥讽的嘴唇,就像它们在雪岸①的夜间空气中的笑声。既非拉丁民族的好色,也非美国人的灵肉分离,而是一种来自冬季文明的讥讽的自由,一种超北极地区的温情和性放肆的形式,也许是女人性的一种新形式……

时尚是比区隔社会学(sociologie de la distinction)所能说的还要多的东西。它是一种集体的激情。一般来说,文化要比区别性机制所涵盖的内容更广泛。文化是一种享有盛誉的形式,每个社会都

---

① 雪岸(Côte des Neiges),加拿大蒙特利尔市的一个地名,现为该市的一个街区。

无一例外,它通过对形式、语言和符号的激情式连接,赋予自己一种文化,而这种连接在根植于文化的同时,也对各种差别的语法秩序提出了挑战。我们似乎已经忘记了文化的这个创世式版本,而掉进了符号学和社会学的版本之中。

人们因激情而消耗自己,又从萦念中获得食粮。萦念是激情的食品形式。

当一个女人裸体时,天气会变得很灰暗
当天气变得灰暗时,她的眼睛就很清晰
当她的眼睛灰暗时,她的肚子就会热乎

我们处在不断运动的状态中,在这种状况中没有任何东西是隐藏着的,一切都是运动着的——这是一个全新的无辜的世界,然而秘密那乌托邦的星座已经不再照亮它。

人们要求一个人了解自己的一切,这比别人完全了解他的一切更让个体受到异化的影响。这就是一种新型的和终极的奴役原则。

应该更加寄希望于信息的过剩或武器的过剩,而少寄希望于对信息的控制或对武器的控制。

Da, wo die Gefahr wächst, wächst das Rettende auch.[①]

在魁北克,有一次罢课的时候,大学生们占领了计算机房。这并不是为了让帝国主义的生命中枢陷于瘫痪,而是出于很简单的理由:时值隆冬,这是他们唯一能够取暖的地方,学校当局害怕损坏计算机存储器,所以不会冒险去拉闸断电。

美丽是不可以论斤足两讨价还价的,因为它的光彩夺目完全超越了任何想配得上它的努力,也因

---

① 德语,意为:"危险增长的地方,拯救也会随之增长。"

为没有任何人能够赋予它一种完全对等的美丽。因此美丽只能自我消灭。毒品对美丽来说就是这样：算计好的卑贱，对自我光彩的否定，自杀。

只需对一个女人谈论起另一个女人，就会在她心里激发出取代那个女人的想法。只需一个女人向你谈论另一个女人，你就会产生从一个女人转到另一个女人的欲望。否定这种转移性不忠的人，那是疯子。

若将苏联社会的意识形态目标和它所声称的最终目的进行对照，那么这个社会就会立即崩溃。然而这个社会却依然如故，这一点既令人失望，同时也是一个谜。人们忘记了这一点，它的继续生存得益于集体的同谋关系，即得益于围绕着意识形态的喜剧和官僚主义喜剧的集体默契。更加普遍的情况是，一个社会只能在对自身模式进行嘲讽的默契中得以苟延残喘。

意大利的真相就非常明显，那是一个相反的模式：国家的衰竭，机构的混乱，原则的舞弊。这一切都无关紧要,因为这种嘲讽重新创造了一种神秘的社会共识,一种讽刺性的团结精神,避免了整个体制的垮台。

　　窥视式表演、脱衣舞表演:在观看中身体对目光的毫不在乎。身体因它的在场而变得可以触摸,但当它的波动禁止目光停留在它上面时,其本质上却是纯洁无瑕的。女人及其身体具有坚不可摧的卓越性。身体上装饰着性特征的光环,就像装饰着动物性饰物一般——这正是我们对性大加赞赏的地方。因此,这也是一种完全的精神性激情,是那种要上演的激情。这种上演引导着这里的表演,如同它在隆重地上演众多物种及其差别的过程中,引导着表演的本质一样。

　　这是无事生非的、古老刻板的、无动于衷的精神状态。我预感到这一切的献身精神的结束,就像是人们不值得去挑战,这是对任何判断的一种否定。这种形式自孩童时就出现了,自少年时就出现了——这是一种无生气的、懦弱的、懒散的、没有责任心和没有教养的形式,一种没有欲望的形式。

这些书,我对它们是否有过一丝眷恋呢?这些女人,我对她们是否有过某种感情的影子呢?所有这些不同的国家,我是否有过游览它们的愿望呢?

只有事物的非人性让我感动过,而且这种非人性,我那时没有能力把它转移到我自己的生活里来。这个判决,我是在事件的音调曲线上看到的,是在面孔的忧郁曲线中看到的,是在事业的虚空和无价值曲线上看到的。我仍然为我们能够奉送给他人的镜子而感叹不已,在相互赠送的镜子中,对我们自己爱恋或讥讽的形象也感到吃惊。

越来越多的情况是,感到怯场的是机器,而不是人。人只有在强迫自己像机器一样出现的时候才感到怯场。

所有选择的境地都归结到这个境地:你是喜欢一个随便什么身材但脸蛋诱人的女人,还是喜欢一个身材诱人而脸蛋无所谓的女人?虚假的问题。应该永远喜欢你没有选择的境地:要么这个女人非常完美,要么只有这一个女人。

梦:一辆重型卡车,装载着一块开凿好的大理石,它撼动着一座建筑物的众多立柱,这座建筑物像凡尔赛宫或罗马圣彼得大教堂①。卡车翻倒了,驾驶员一边诅咒着,一边从车里爬出来。此时,建筑物的整个正面开始摇晃并慢慢倒塌下来。于是,就像动物们离开遇难的船只那样,所有的雕像,直到这时还一动不动地站立着,弯曲着,被拱架支撑着,这时渐渐苏醒过来,开始惊慌,张开双眼,开始逃跑,以避免这场灾祸。几个世纪以来,人类是否就一直扮演着这种角色? 他们一直等待着终结以便能自我解放。

女人具有出色的存活能力(包括在恋爱和分手过程中),这对她们来说是很容易的事,不管怎么说,她们都要比你早九个月来到世上,而且还会比你晚九个月离开。一般人的时间从出生时算起,可

---

① 罗马圣彼得大教堂(Saint-Pierre de Rome),实际上应为梵蒂冈的圣彼得大教堂。

女人的出生时间在这以前就开始了。女人能拥有出生前的这段时间,也顺理成章地支配着死后的这段时间。

达拉斯①:编剧让电视连续剧的所有女性角色到游泳池拍摄死亡场景戏,她们不知道哪个应该死掉,也就是说从系列剧中消失。

连续剧成了编剧的命运。如果他们在现实中去世了,那么就会在剧本中安排让他们消失。如果他们为剧本而鞠躬尽瘁了,他们就只能像明星那样,从生活中悄然离去,因为他们已经与自己创造的人物混为一体了。

这就像在庆典仪式上那样:仪式之外,你什么都不是,可是仪式显得相当灵活,以便能利用所有的人生事件。达拉斯的秘密,就是靠近部族的刻板模式(stéréotype)和入门的刻板模式。结果是在这种庆典中永远没有笑声。没有智慧,没有幽默,没有滑稽的片断,没有任何幸福的变数。这是一个封

---

① 同名电视剧《达拉斯》(*Dallas*)由美国哥伦比亚广播电视网于1978—1991年间播出,风靡全球。该剧讲述了达拉斯石油富商尤鹰(J. R. Ewing)家族的恩怨史。中国中央电视台曾以《豪门恩怨》为题播放过。

闭的世界,在那里,任何东西只会转变成命中注定、没有信义、情感乱伦以及食人肉的魔法。这就是部族的法律,其中 J. R. 是象征标记,同时激起了妇女们绝望的努力,以便躲避这古老的陷阱。

在这种天真的残酷中,达拉斯凌驾于任何可能对其进行的"理智"批评之上。正因为这一点,那种知识的时髦才能从中获得益处。

我在梦中看见了那张奴役的脸。这是一位眼睛碧蓝、目光凝重并且无神的女人。她那月牙形的乳房并不对称。她对待最贫穷的人总是面带微笑,而且精心地爬向无穷的境地。

烦恼,它就像一个毫不留情的变焦镜头,在时间的表皮上移动,每个瞬间都像脸上的毛孔在膨胀,变粗。

现在火车或飞机上的奢华就是有人对你说话。有人会通报你旅游的信息,提醒你注意身体的状况

(良好的代谢,请你放松),让你获得文化的刺激(音乐、电影),使得你处在问题与答案的下意识状态中(女播音员那可触摸语言,空姐的画外音)。在空中每小时300公里或1000公里的状态中,你没有离开符号的球体(sémiosphère)。这就是公务舱的奢华。

至于其他人,那就像运送动物一般。

每座冰山的神秘梦想:尽可能地向南行,谁知道呢? 直到在赤道水域化为乌有为止。可怜的冰山,它承载着极地的失望,它离赤道如此之遥,且两极之间相距如此之远! 直到现在,没有一座冰山在这种疯狂的企图中获得成功。

似白天结束的晚风吹过
似四面照亮的偶像那样结束
向包裹着否定物体的散射光微笑
向航线的临界点致敬
查拉图斯特拉。黄昏的伦理

世界末日的非常现象将不会发生,理由是存在已被判定,而且被宣布为无法证明。因此,应该将这个世界看作终结的,将判决视作内在的,将不公平当作无法弥补的。这一切与事物的自然坡度毫无关系,却和人类生灵的迷宫式脏腑里孕育着的动物性伦理息息相关。这种伦理要求辨别正义与非正义、善良与邪恶,最终让最真实、最愚蠢也是最富感情的秩序获得胜利。

然而,用不着再等待。但愿最愚蠢的事物处处获得胜利,这就是最后的审判。

当一个人腰疼时,应该像爬行动物那样扭动身体。这种运动应该在肌肉还没来得及疼痛前就已经结束。对于思想和语言来说是同样的道理。句子应该在语言还没来得及疼痛前就已经到达句子的终点。

一个体系的欧米伽点(point oméga)就是能量的单纯循环的那个点,而能量因此注定是无足轻重的,并且走向消亡。在这样一个体系中,依据内在等值原则进行交换是不可能的——每个粒子都悬在那里,处在唯一可能的事件面前:那里它会遇到一个反粒子将它抵消。正是在这时候,整个体系靠近了另一种装置的阿尔法点(point alpha)①。在某个阶段以外,整个体系都趋向于这个命定的点。

绝对的客观性恰好是科学的客观性的反面。一个是追求部分过程的合理性,另一个是追求整个过程的讽刺性。

女人们组成了一个秘密社团。她们全都掌握着一种秘密的可和解性。在我认识的女人中,她们之间并不相识,除非是偶然。但是,她们却编织了一张诱惑的同谋网络;她们彼此示意,就像表面上看似无关紧要的螺旋状人生事件。此外,她们中的每个人,在不可告人的情感冲动下,将所有的对手,不管是过去的还是将来的对手,都包裹在同一块嫉妒、迷惑及同谋的天地里——而她本人呢,也成了

---

① 阿尔法(α)和欧米伽(ω)是希腊语字母表的第一个和最后一个字母,因此阿尔法点和欧米伽点也可以指起点和终点。

所有的其他人,即那些你在生活中与其保持距离的女人,即最终聚集在唯一真正秘密的社会中的女人——这是梦想的社会,女人的社会。

就像白天和黑夜一样,这是所有概念在体系的赤道中心的可逆性:这是反常的、可笑的、无防御能力的状况,正是由于这个难以攻破的原因,出现了幽灵修辞学的苦涩特权。

至于自由,它不久后将完全终止,任何形式的自由都是如此。活着将取决于对严格条文的绝对服从,绝不可能违反这些条文。一架飞机上的乘客并不自由。未来生活的乘客将更不自由:他们将要跨越系在座位(S. A.)①上的时间。

理论不仅要与现实参照相脱离,而且还要排除

---

① S. A.,为股份有限公司的缩写。"座位"在法语中为"siège",该词也有"公司总部"的意思。这似为双关语,即乘客的时间既被安全带捆在座位上,又被困在各种公司里。

任何的评论:因为要解剖一个自己生下的孩子,那是很不正常的事情。

世界一旦减去了科学犯下的客观性的噩梦,而且科学还力图向它致以公正的敬意,那么,这个世界本身是否就是无因之果呢？因此,它也就是没有后果之原因。因此询问世界失败的原因也就毫无意义。

所有这些可怜的老兄,这些老年的实验豚鼠,在终于摆脱了性生活和工作的劳累后,他们本来希望好好休息休息,对生活泰然处之,远离死亡那透支式的享受,即衰老的最佳方式——人们并没有说已经为他们在人生旅程快结束时安排了一块海滩,没有,应该对他们迫害到底,对他们回收利用,让他们贪淫好色(产生性欲吧！尽情享受吧！再老也不算迟),培养他们的文化素养(戏剧、电影、"自由"讨论、瑜伽、16世纪的音乐)——为能让他们傻蛋般地死去,这些东西一样都不能免除。

活动逐步停止,眼睛失明,耳朵失聪,语言残疾等:委婉的说法。这些词汇本身就出自难以启齿的疾病。猫不再是猫,而是猫科动物的结合物。[①] 语言是没有防御的。

在阿兹特克人的思想中有这么一种观点,认为太阳仅仅根据一种象征义务而发光,而人类则应该懂得为这种象征义务付出代价。这是一个充满残酷的天地。而我们却以为太阳的功能是依据人权和机会均等的原则照耀所有的人。这个悲哀的挑战,太阳却拒绝了它。近几年来,太阳光照已经大大减少。

语言不能再依赖于其客体的哲学戏剧性。它本身应该通过迷惑而成为一种谋杀。

---

① 法语中的"猫"为"chat",但该词在民间也指女性性器官;"猫科动物"(le félin)则指女性,象征着女人的温顺。这里似暗指猫不再是猫,而是女人的性器官。

我并不记下某个约会的钟点,而是记下钟点,处在钟点面前的钟点。在星期二晚上面前,我只记下"星期二晚上"——因为不可能将这次见面与时间上的某个点完全重合。有点像标示记号的符号,它命令你不要去看它。"Ignore this sign."①

熊蜂在飞翔中保持静止状态。它的能量来自它不发出任何声音。花朵也因这种静静的婚姻状态而激动万分。

小小的默默的龌龊行为
小小的犯罪的异常行为
小小的间质的犯罪行为
小小的软软的违抗行为
抗辩的水母
是令人惊愕的解决方法
通过断了线的诡计

---

① 英语,意为:"请忽视这个符号吧。"

波布尔①：已经储存的价值中的神圣垃圾（第六层楼）——自由表达的非神圣化的垃圾（中心前广场）。今天还要加上许多残留物垃圾，因为维护人员正好罢工。罢工是合乎逻辑的，因为罢工者要求将垃圾管理看作文化的一部分（此时在波布尔中心正在举办一个垃圾艺术展），并且要求将维护人员直接纳入中心的编制。然而该中心注定具有流动性、多面性以及吸收不合常规物的特性，它似乎不能够控制这个局面。因此它将因垃圾而亡，并在这方面给后现代文明充当典范。波布尔注定要成为死亡中心的迷惑，成为恶臭和抢劫。它事先就是一件毁坏的物体，一座吸收和不断排泄的纪念性建筑，一个退化的、吞噬的、分形的（fractale）区域。在那里，寄生现象激增，分界线消失，并让位给那些自己折磨自己的群体的乱伦性危害。那就让它留下这个发臭物品的虚幻性质吧，况且这个物体注定要很快坠落——唯一一件我们并不情愿生产的现代物品。

---

① 波布尔（Beaubourg），巴黎市中心的一个街区。原为中央市场的一个区域，1977年在此修建了蓬皮杜文化艺术中心，故人们也用波布尔中心来指称蓬皮杜中心。

何必去调和这些城市怪物(波布尔中心、维莱特科学城、拉德芳斯新区、歌剧院、巴士底歌剧院等)与城市以及这些怪物周边街区之间的不协调呢？它们不是古迹，而是一些怪物。它们并不证明一座城市的完整性，而是证明它的分裂性；不证明城市的机体性，而是证明它的非组织性。它们没有让城市和交换步调一致，它们就像外星物体被投射到城市身上，就像太空航天器由于不明原因的灾难而坠落下来。它们既不是市中心也非郊区地带，只能勾画出一个虚假的中心地区；在它们周围，存在一个虚假的流动状态，事实上，它们证明了城市生存的卫星化现象。它们的引力只属于旅游性惊愕的范畴，而它们的功能，就像一般意义上的机场和交通场所的功能，这是一个驱逐、引渡、城市陶醉的地方。况且，所有聚集于此的边缘化团体及亚文化，首先来这里寻找下列目标：一种虚空的陶醉，一种太空式的大浮冰，一种世界性的罢工，一块寄生之地……应该这样对待它们——因为它们是怪物，所以就让它们当怪物。

盲目地行事:这是唯一高雅的热爱的方法。怎么指责一个谨慎而又完全忠诚于某人的人呢?如何责备那个是自己所爱对象的人呢?盲目的目的地,这就是梦幻的意义,在思想上和爱情上都一样。

这个温情而富庶的可爱世界,每天早上在花园的反光和临近大海的倒影中苏醒。美丽修长的马匹在郁金香田间觅食,眼睛清澈而壮实的姑娘在阿姆斯特丹的大街上疯狂地骑着自行车。尽管生活艺术的标记非常明显,包括交替出现的社会形式和性事形式,但是历史在这里没有留下一种真正文化的痕迹,即一种魅力,一种优雅,一种激情洋溢,一种风格化的暴力,就像在意大利所留下的那样。

人们也许会说,他们在身体里还带着重复的长元音特征,是那种尼德兰式德语方言的重复长元音,这种方言还不能达到一种真正语言的灵活性和清晰度。这些富裕市民培育了一种浓厚的、稳固的和喉音的外省普遍性。罗森达尔[①]暗淡的天空布满

---

① 罗森达尔(Roosendaal),荷兰城市。位于荷兰南部,靠近比利时的边境地区。

絮片云。这个国家从什么时候开始成了世界的中心呢?是因为斯宾诺莎①那实体的妄想,抑或弗美尔②的光芒?

在这个城市里,大家彼此相遇,并且都相互认识,而我呢,我只能在墙上遇见我的画像和姓名。

而我将我的手指放在她的眼睛上,就像放在电视频道那静静的按钮上。这只能是轻轻抚摸——眼睛恰恰就是这样,身体的某些柔软部位,与性事无关的部位,这些地方不愿意让人占有,也不愿意被人粗暴地抚摸——在那里,血液充盈在皮肤下面,在那里,意义充盈在词语里面。神秘的表达:极度的敏感。

女人之间相互的残忍。一个女人还没有"固

---

① 斯宾诺莎(Baruch Spinoza,1632—1677),荷兰哲学家。著有《神学政治论》和《伦理学》等。
② 弗美尔(Vermeer,1632—1675),17世纪荷兰画家。代表作有《戴珍珠耳环的少女》、《着蓝衣的少妇》、《绘画的隐喻》等。

定"住一个男人,她又怜悯地盯住另一个男人,并且设法让他感觉到她的所有不幸。

在主体和客体之间,并不比光明与黑暗之间具有更多的辩证法——其中一个是另一个的不在场,就是这样,事情就是这么神奇。

三个小时在城市环路中被迫不断地变换方向,堵车、抛锚、警察瞎指挥、交通事故等。天热让人昏昏沉沉,谁都缺乏耐心,你避开一个网络,就不得不掉进另一个网络。这一切都是为了一个难忘的企图,即到达我的工作地点,到达我异化的地方。在那里我才体会到,后现代城市的个人突变体从此将与其异化的生灵分离,它被一个更强大的系统分离开来,在这个系统中,个人突变体被迫变成甚至连物体都不是的东西,变成一个疯狂而盲目的粒子。这种特性连黑格尔都没有预想到。不久以后,相同的经历又出现在另一次企图中,这次是为了回到我的自由之地——乡村小屋。高速公路堵了,普通公路也堵了,汽车已经厌倦了这种波折,我也如此。

很显然,无论是到休闲的地方,还是去工作的场所都同样令人发疯。甚至想去任何一个地方都不再有意义。我渴望在沙漠里行驶,方圆一千公里,没有比这个更好的自由了。

在脏器切除和肢体冻伤之后,腹部残余的体温只能是活人对死人的嫉妒的热量。我们对客体的嫉妒,就是可怜的主体对能够活着过渡到完美状态的人的嫉妒,而我们又到达不了这种完美。我们对女人的嫉妒,这种超过性欲和激情的热量,就是欲望的热量。这种欲望是对被夺去之物的欲望,在别处和另一个性别上重新体现之物的欲望——是不是有点魔鬼的味道——嫉妒用这种方式来嘲笑欲望,把欲望当作它自身的最佳转换体。

令人欣慰的符号:在对获胜的恐惧之后,这种恐惧使运动员在竭尽全力后仍然失败,在对权力和行使权力的恐惧后,甚至在政界都表现出很多这种迹象,长跑运动员由此而落入孤独的境地,这样就出现了知识的缺陷。抵达终点后,这个平脚板的偶像,他也在自己的影子面前发抖。

研究蚂蚁在失重状态下的社会行为:这是 X 卫星的目的之一。这没有人们想象的那么荒谬——并非因为它的结果,而是其投射的意义:难道我们自己不是也处在失重状态中吗?我们的社会性不是已经处于失重状态中了吗?由于不能控制人类这个进化的阶段,我们只能以太空讯问的形式去驱除这个阶段。解决我们所有问题的办法就是将它们全部摆到轨道上。

狗和玫瑰

所有这些郊区的小楼间都长满了玫瑰,到处都有狗。每株玫瑰后面都有一只狗。对这些人和他们地狱般的想象来说,狗与玫瑰一样都是一种装饰。事实上,玫瑰和狗或者带电的栅栏一样都是不好惹的,一触即怒。因为玫瑰太多,其颜色过于红艳,它们就将食肉的花瓣关在封闭的空间里。郊区住宅的温柔,绿色石棺的温柔,那里的电视天线在闪闪发光。致命的小楼里性欲缺损(aphanisis)的温柔,丁香花和蜀葵的绿廊间的温柔。疯狂咬人并相互厮打的唯一信号,在塑料薄膜里玻璃化的和吠叫的激情的唯一信号:这是《启示录》中的狗,它在远处花坛的边际吠叫着。

风和热量都是没有结果的结果——它们通过流体的流动性和默契的热情促进人类的精神。

然而最漂亮的是在它们交战的时候。在天空的最高处,云层在那里形成并很快散开,就像一个动物游戏。风常常具有两重性:一股转瞬即逝的季风在葡萄园里由南向北吹着;而在它的上方,平流层的风将大片乌云从北向南吹。天空处于永不停息的运动状态。

阳光的消失一天天变得更加难以捉摸,它一天天滑向别的天空。随着月亮的升起,另一阵风又吹了起来,并且以相反的方向重新上演所有的事件。

时间的流逝如同一条河流,它沿着矿脉断裂的缝隙,沿着西边蓝色的缝隙流淌,那里是群山组成的天际线;它流向大海的缝隙,那里的热量在蒸发。但空间呢,它却任由风的激情摆布。一切都依赖于空气和矿物的激情。

每年来到这里绝对是一种补偿。

它会以极端光线和感觉外的光线照耀社会的风景,使奇特的和极真实的地貌变得清晰可见——这正像光一样,确切地说,是激光那协调的阅读。

驻地是肮脏不堪的。把我们重新带回小窝棚,带回领地内,带回面对面的灿烂的拥挤混杂中,没有比这更糟糕的事了。一种甘冒普遍性的冒险文化肯定会因普遍性而死亡。

流放总是会奉献一段遥远的距离,一段悲怆的或悲剧性的距离,它有利于审判,是它本身世界的孤儿般的平静。而去疆域化(déterritorialisation)则是一种疯狂的剥夺,犹如脑叶切除术,它具有焦虑、摇摆不定和电路中断的性质。

在自己面前,需要有无限的时间开始思考,需要有无穷的能量作出一个最小的决定。世界的密度在增加。大量毫无用处的企业让人震惊。必须放置许多的东西才能平衡一架不稳定的天平。人们再也不能消失。人们会在完全的优柔寡断中死亡。

这些速度(speed)的时代中冷漠的狂热。正像人们通过冷冻饮料以避免分子的加速那样,必须借助对忧愁的制动来暂时忘却人造的欣喜。

科学和技术本来可以成为人类能力的延伸,就像麦克卢汉[1]所期望的那样。然而,事实并非如此,科学和技术吞噬了人类的能力,它们变成了讽刺挖苦的技术,就像同名的微笑吞食着鲜肉一样,或者像斯底克斯河[2]岸边的怪兽,它们灭绝了精神能力的物质。

---

[1] 麦克卢汉(Marshall MacLuhan,1911—1980),加拿大学者。他利用信息理论,专门探讨交流体系在社会中的演变及其后果对人类历史的影响。主要著作有《机器新娘》、《理解媒介》等。
[2] 斯底克斯(Styx),希腊神话里地狱中的一条河。

残疾人借助物质的力量会成为威力方面的专家,成为一个在动力和感觉领域里具有特异功能的人。如果说社会性越来越与残疾人站在一起,这绝非偶然:因为盲人和运动低能的人构成了实验的场所,成为值得关注的机体,必须对其进行知识性优化,同时在形式上进行社会化。他们可以成为最佳的工具,正是因为他们具有不能动弹的特点,因此被确定为自动控制和遥控的对象。正常的人永远不会像残疾人或智障者那样,成为如此高超的机器人。这里面毫无新鲜之处。阉割者给文艺复兴时期的合唱团带来了最美妙的歌喉。

夏季的晚上,人们可以听到狗的吠叫,深更半夜可以看见失眠的人护理他们的绿色植物。在他们呆滞而热切的目光里,可以看到一种伴随着焦虑特征的幸福感,它来自延绵不尽的白昼,无情炽烈的太阳,那种难当的酷暑。这迫使人们去领受一种纯粹生理的、没有其他目的的享受,而且对很多人来说,这种享受与自杀的情形相去不远。留在城市的人就像是走钢丝的演员。他们知道在其他人不在场时,他们要担任社会性的临时代理,这有点像他们的邻居不在时,为邻居浇灌天竺葵——但是,所有人都承担着一个历史的和戏剧的角色:一些人的角色是抛弃城市,走向不知哪种取乐的外流,另一些人的角色则是看守着布景。事实上,这是一个灾难的游戏。城市在拿外流做游戏,没有被轰炸就跑得空无一人;城市将自己交给了奴隶们(外国劳工),处在短暂的狂欢中。

几位姑娘光着身子,她们还是处女,在一只浴缸里嬉戏。我问她们在玩什么。她们回答说她们在玩社会大象的游戏。

热量的度数、汽油的价格、美元的行情:我们夏天的金三角。无法控制的数据,我们只能希望看到它们无限制地攀升。有时,数字在预测的混淆中混为一体,如同在 1980 年夏天,在美国的沙漠地区,每加仑的价格分别是 1.18、1.20 和 1.25 美元,一个地方的价格与另一个的价格有所不同,就像是气温曲线的反射,即华氏 100 度,110 度,120 度。信任的问题总是处于水印的状态:汽油涨价到什么程度是你可以接受的? 你们认为美元可能会攀升到什么价位(言外之意就是在引起世界经济崩溃之前)? 气温最高能达到什么纪录(言下之意就是在引起能源崩溃和世界性失眠症开始之前)? 我们人造的命运就处在这些渐近线之中。

社会的年度跟夏天一起停止。在余下的八个月时间里,有的都是寒冷、社会事件、民主以及政治性紧急事务。夏季到来后,又是另外一种气氛来接班:炎热、恐怖主义、各类事故、奥运会纪录、饿死的狗、民间文化、知识分子的沉默。年复一年,都是如此。即使是社会的假后上班(rentrée sociale)也不同以往。春秋分时节不再出现社会的大潮。只有从一个二至点到另一个二至点的钟摆运动。

孩子在高速公路上被活活烧死的那些家庭的不道德行为:这些孩子不堪忍受社会救济提供的金钱,将这些钱花费在消费品上,而这些消费品在具有正统思想的人的眼中是出了名的肮脏物品。他们从来就不需要看到他们的孩子被烧死才为自己买汽车,因此也从来不需要将他们的孩子送到廉价的夏令营去度假。事有凑巧,夏令营的大客车总是会发生致命的车祸。

用纸币形式吞噬自己孩子的那些人的不道德行为,它只是回应了社会管理机构的不道德行为,而社会机构却奖励这些孩子的死亡。在这个恶性循环里,一切都是卑鄙的:偶然性让最贫穷的孩子死亡,社会慈善机构借助这种死亡广开财源,父母利用事故来享受短暂的宽裕,而好心的社会则谴责他们——因为街谈巷议丝毫不能对他们的行为不轨做出任何定罪,它只能指责他们没有合理地使用这笔钱,比如应该把钱存在银行里,而不是肆无忌惮地随意花掉,以此印证神圣的正义对他们的惩罚。

整个社会性就这里,处在符合逻辑的卑鄙之中。死掉的都是穷人,他们死掉是活该。正是这个平庸的真实,这个平庸的命定,被人称为社会性。

当然可以说,这种社会性只对那些受害者存在着。由于它在本质上就是不幸的,所以它也只能危及不幸的人们。这个概念本身就是一个匮乏的概念,它也只能奉献贫困。尼采说得对:社会性是个概念,是奴隶们为供他们自己使用而制造的价值,他们的主人投以鄙视的目光,而且从来就不相信这一点。

我们在所有被称作"社会性"的改革中都看到这种情形,这些改革不可避免地都转变为受益者的灾难。改革打击的正是它应该拯救的人。而这一点并不是一个违背常情的效果。大自然本身往往就非常符合这种情况,而灾难似乎也偏好降临在穷人头上。人们是否见过哪个灾难直接落在了富人头上?也许只有庞贝城被埋和泰坦尼克号沉没是例外。

广告中的男性色情总是滑稽可笑的。那些(男人和女人)要求男性色情的人,他们把色情当作女性身体在公共场所的"色情卖淫"的等同物,他们根本没有理解画面的精神游戏。女性(甚至是对女人)的色情幻觉的成功来自她们阴部的半透明性,来自阴部的偶像性完美。只有女性能够随时提供这种幻觉。男性从来就不是透明的,他不能让人对他产生幻觉。当男人笨拙而做作地走上舞台时,物品的魔力就失效了。男性功能在幻觉的舞台上发挥不佳。想成为主体的东西总是受到外表游戏的嘲弄。

男性只剩下消失这一条路。

在充分审视了人类的优势之后,还有大脑的体积,其思维的强大能力,其语言和组织的强大能力,人们可以这么说:如果稍有机会出现另外一个生物种类,在地球或其他的什么地方,能够与人类匹敌或更加高级,人类会采用一切办法将其摧毁。人类不能容忍另一个种类存在,即使是超人的种类亦然——人类要让自己成为地球冒险的顶峰和终点,并且在宇宙进程中残酷地控制着任何新种类的侵入。然而,没有理由让宇宙的进程随着人类进程而停止,而人类通过普及化(仅仅是几千年以来),可以说已经为结束世界的事件作了自我安排,承担起所有今后进化的可能性,并为自己保留了对自然种类和人造种类的垄断权。

这种残酷性并不是野生动物和捕食动物的那种残酷性,因为野生捕食动物处在循环中,处在始终可逆的等级中——它们的出现,它们的消失,永远都不会终止宇宙进程。只有人类发明了一个不能再申诉的等级,人类就是这种等级的关键。这是一种位于第二等级的残忍,是一种灾难性的主张。

人类作为一个种类,他的这种残忍也反映在作为思想的人文主义的残酷中——人文主义主张达到普遍的超验,不容忍其他类型的思想,这是高等种族主义模式的真实体现。

正当真实的生活不再有激情的时候,梦想却继续将最强烈的激情推向前台。梦想是否就是一种清新能源的储备库?一个超越时间的能源库?它跟随在生活的各个阶段之后奔跑着(可能超越了死亡的突发性),或许这种清新仅仅是已经疲倦的欲望的幻觉?换句话说:我们是否有两条生命线?一条是远古的青年的生命线,是非生物学上的生命线,我们在梦中可以感觉到它;另一条是生命与死亡、延续与回忆的有机生命线,而我们却将我们惨白和致死的存在等同于这条生命线。在这两根生命线中,是否存在两根没有任何关系的基本线段呢?或者说第一根线是另一根线的投影呢?正如精神分析学最终所期望的那样,是它的幻觉性话语呢?

我则赞成第一种假设：我们有两种完全不同的和彼此独立的存在（这并不是心理学上的二分法）。任何一种存在对另一种存在的解释都是不可能的——所以精神分析法在这里是徒劳的。

在身体和思想之间确实存在一种游戏。身体越是显得虚弱，器官的衰弱就越是明显，或者说这台机器就越是破旧，因此思想也就变得越发自由和铤而走险。思想本身也具有一种永远年轻的性质，它与青壮年期没有丝毫的关系。思想并不依靠健康或活力而活着，而是依靠冷静和自负，而身体的衰弱会激发这种冷静和自负。

没有任何比这种研究、参考及资料的义务性更加糟糕的东西。这种义务已经扎根于思想领域，它也是卫生的等同物，是那精神上的和萦绕不断的卫生等同物。就像人们经常说的那样，在"知识领域"里必须耕耘概念。确实，我们已经不再有闲暇的文化，在那种文化中，思想和写作曾经是一种暴力和一种乐趣。而我们现在的快乐只能是死亡时代的出生尸体堆。

　　娱乐和蓝色海岸所特有的焦虑。太多人为地集中起来的自然美景。太多的别墅,太多的花朵。海滨休养、特权者名单:同样的战斗。同样的人为的特权,无论是政治官僚主义的特权或者是生活方式的奢华。被休闲弄烂了的自然,驱除了所有的野性气息,因方便而令人作呕——也许有一天,这种梦幻的气候,这种奢华的酷热,会爆发成一场最终的森林火灾。

　　书籍应该按照冲击形势下的减速,将自我分解成几个部分。书籍应该学着全息影像的样子,将自己碎成几块。它还应该像天空山丘上的蛇,自我盘绕在自己身上。它还应该颠覆所有的文体修辞格。它应该在阅读中消失。它应该在睡觉中微笑。它应该回到自己的坟墓中。

　　如果有一种比儿童还要受折磨的种类,那就是玩具,即孩子们以骇人听闻的方式随心所欲玩弄的玩具(何时才会有一个保护基金会,能保护被打垮的物品,保护受难的物品)。玩具于是就成了这个漫长链条的终点,在这根链条上,从一种类别到另一种类别,从残酷的神灵到赎罪的受害者,从主人到奴隶,从成人到儿童,从儿童到他们的物品,重复着专横的武断性的所有条件,将人类生灵彼此链接在一起。这甚至是唯一的强大的象征性链接,通过这个链接,一个受到高级的强权武断性危害的种类,将把这个链接转嫁到更低级的种类身上,一切都归结为一种无能的仿造物,就像玩具那样。而人类同时还制造出一个无所不能的模仿物,正如这些戴着面具的神灵,人类自己创造了这些神灵,以证明这种悲惨的链接。

精神的强大力量(如何用别的方式称呼它呢?)就是要区分身体的某根神经、某根纤维、某个最细微的关节,以便随心所欲地投入或抽出精神力量(一个突然的想法会让一块未知的肌肉疼痛,或者笑容让脸上某个部位疼痛而不是另一个部位)。精神可以在解剖学上无法定位的身体的某个部分上起作用,就像它可以在语言学上难以定位的语言微粒上起作用一样,或者在年代顺序上无法确定的时间段上起作用那样。

我们最终会由于精神卫生去做所有的事情。由于精神卫生去思考,以便保持知识的形态。由于精神卫生去接吻,以便保持性欲的形式。由于精神卫生使自己社会化,以便保持操作的形式。我们所有的活动都要与这个卫生的最终目的相一致。现代人虽然像战争时期的物资被宣告为落伍了,但是仍然要保持运作状态。为什么呢?不为什么。只是为了精神健康。生产体系是否就是一个巨大的装置,人们继续让它运转,其目的就是为了工人的精神健康?

美丽得就像歧视的肉欲全景
美丽得就像身体孔窍的肉欲幻觉
美丽得就像夫妇间工作的美学分工
美丽得就像白天光线的不同阶段的连续

黑暗中身体的靠近,物品那可触摸的混杂,睡梦中欲的混淆不清——这就是基本的品质,也就是夜晚的品质。

研究两性臀部皮肤对动脉压力的差别性阻抗,这是一个很漂亮的研究课题,在无结果和功能性的未来中尤其如此。

关于事物的真理,有三种假设:

——如果事物就是它们原来的样子,这就使得它们是真实的事物(这是经验论的状态)。

——如果事物只能是它们原来的样子,这并不能阻止它们成为真实的事物(但我们真看不出是为什么;这是模糊和反常的状态)。

——如果事物不能不成为它们原来的样子,这就会阻止它们成为真实的事物。成为原样的必要性消除了事物真实的鲜明性(这是否定的和巧妙的状态)。

秘密的印章封口是一个美妙的隐语。秘密实际上就是被封住的东西,就是在外表的印章之下流通的东西,而不是交际符号下流通的东西[即使是在未说(non-dit)和沉默等相反符号之下亦然]。秘密就是无须说出来的东西,是显而易见的事实,就在光天化日之下,不需要其他形式的话语就能光芒四射。

有一种死亡的方式是让死亡去恶化事物的状态,使得人们不再有理由属于这些事物。这样,死亡充当起预见性消失的角色。我想巴特[①]和拉康的死就是这样:世界从此进入了另一个进程,这些敏锐的人物似乎不再具有什么意义。相反,萨特(Sartre)的死没有给世界带来变化,好像是一个不可避免而又微不足道的事件。在他没有死之前,他似乎已经在一个不再属于他的世界中生活过了。

---

① 罗兰·巴特(Roland Barthes,1915—1980),法国批评家和符号学家。作品有《写作的零度》、《神话学》、《符号学原理》、《叙事作品结构分析导论》等。

对于存在方面的东西,正如阿雅尔①所说的那样,有负责起它们的必要性。任何人都不能被看作应该承担自己生命的责任。这个基督教的和现代的想法是一个徒劳而自负的建议。况且,这是一个没有基础的乌托邦幻想。必须让个人能够变成贞洁淑女或是奴隶,用他的身份去控制他所有的环形网络,控制世界的所有环形网络,这些环形网络在它们的基因、神经和思想中互相交叉。闻所未闻的奴役。谁愿意以这种代价去自我拯救呢?

将自己的命运、自己的欲望、自己的意志交到别人的手里,这是多么的人道。责任的流通,意志的偏移,形式的永久性转移。在这个被多种文化证明的巧妙的道路之外,只存在集体负责的极权的道路。

古老的志愿式奴役是自由人的奴役,他们不合常情地使用这种自由,使自己成为农奴;新兴的志愿式奴役是服从者的奴役,他们服从当自由人的勒

---

① 阿雅尔(Emile Ajar,1914—1980),原名 Romain Kacew,立陶宛籍法国作家,两度获龚古尔文学奖。起初笔名为罗曼·加里(Romain Gary),1975 年发表《如此人生》时改笔名为阿雅尔。作品还有《天根》、《所罗门的焦虑》(L'Angoisse du roi Salomon)等。

令性要求。

　　人们在旅行中所寻找的既不是发现新事物,也不是进行交换,而是一种和风细雨的去疆域化,是一种旅行本身的责任承担,也就是对不在场的责任承担。在超越子午线、海洋和极地的金属矢量中,不在场承载了一种肉欲的品质。由经纬度造成的事物的消亡,接替了私生活中隐藏的秘密。可是,身体最终会因不知道身处何地而厌倦,而精神却因为这个不在场而亢奋,就像是它自身特有的一种巧妙的鲜活品质。身体中织满了太多的血脉关系、肉体关系,在旅行的变形影像里,它抗拒着这种熟悉空间的走样。

　　总而言之,我们在他人身上所寻找的东西,也许就和旅行中一样,就是这种和风细雨的去疆域化。接替欲望本身和旅行发现的东西,则是他人欲望中的流放,以及他人流放的旅途。情人的目光、爱情的举动常常已经具有流放的距离,语言流放在害怕指义的词语的异乡里,身体则像一张全息影像,看着很悦目,摸着很柔软,不会抗拒,因此很适宜于欲望向四面八方划条纹,如同在一个空间中那么方便。我们在情感的世界中谨慎地移动着,在一个盘旋的精神行星上,从一种情感走向另一种情感。从我们的放纵行为中,从我们的激情行为中,我们带回了透明的记忆,即与旅行中带回的记忆同样的记忆。

对生者的拟真技术越是发展,灵魂问题就越是会以反常的方式介入进来,就像意外事故那样。一切都转变成一种纯粹的和连续不断的事故的生产。一旦人们生活在事故中,而不是在物质里,那么违背常情的事就变得正常和符合常规了。

她不满意男人总是想着当场就要得到一个女人,一点也不等待……有一天,她以她的方式予以回击。她没有坐电梯,而是走楼梯上来,并且逐层脱掉衣服——羊毛套衫、短裙、鞋子、手表,最后直到在门前,脱掉三角短裤,这时她按响门铃。当我打开门的时候,她一丝不挂地站在那里,就像在梦中,胳膊上挂着雨衣。这是她能够送给我的最佳礼物(不过,这也是多么恬不知耻的诡计!)

她当时没有说出来的,就是她想慢慢地被脱光,伴随着整个礼仪形式,就像揭开一个完美身体的薄纱那样,最后也只能绝对礼貌地进入她的身体。几乎是从性器官差异上考虑,这是女人疯狂渴望的巧妙诱惑,男人正好相反,他疯狂地渴望一下子进入。

从一开始,我们的关系就迷失在这个分歧上。有几次,她甚至强加她对肉体预防措施的梦想。这次,她彻底投降了——远远超出了我自己的梦想。至少她当时假装成这样。因为在拒绝女人性的游戏中,颠倒规则的还是她。

有人说:其他物种很简单地就转变了,只有人类例外,这个类似人的分支成功地实现了最终的突变。实际上,所有其他种类都坚持自己特有的生物性,并且最终在遗传学角度上消失灭绝,让自然进化自由地进行工作。只有人类在对自己的拟像中成功地超越了自身——在遗传学上消失是为了人为地复活。如果在无性繁殖和电子假体方面永久持续(意思是说,它们在消灭潜在的任何物种方面,包括消灭人类时都很完美),人类将以终结性行为,彻底将事物的自然起源清除干净。

如果要与掌握权力和做决策的人物打交道,那就剩下一种厌恶和不能触摸的感受。这种感觉与某种粪便物品完全相近,或与某种无以名状的物质的粪便式体现极为相似,人们不禁要问这东西是什么做成的,其在历史上的神圣特性又是从何而来。对政治的这种可恶的情感又来自哪里?是否来自这种印象?即你人为地服从了一个比你自己的意志还要愚蠢的意志,而且其功能又不可避免地使它变得更加粗俗。在没有对精神机制进行简化的情况下,决策的功能又是如何发挥的?

政治的特殊能力恰恰就不是那种优雅的特殊能力,后者来自一个纯净物品的不可抵抗的威力,就像一个女人的威力那样。这是一种没有优雅可言的意志,它从一种自愿的奴役中获得荣耀和力量。这在所有体制中都是真实的情况,如军队、教会、医疗机构等,还有更近一些的精神分析。但在政治方面尤其如此,它是所有意志薄弱点中最为明显的幻觉。

人们可以用各种方法来证明掌权人物的存在,但剩下的问题是,它就是那个有害的物品,因为证明它的东西是不能补赎的。

应该更喜欢脆弱性,即喜欢外表的脆弱性,不要重视分形法,它仅仅是一个数学对象的品质。

听到别人一下子提出了一个想法,比你自己想出的还要好,而且你很珍视这个想法,那是多么激动人心的事情。看到自己被速度超越,没有任何一点知识分子的嫉妒,只有在被自己的影子超越时才会有嫉妒。

两个身体并排躺着,却没有睡意,他们自己也知道:在他们之间建立起一种奇怪的交流,是由对模拟睡眠的尊重构成的交流;不过,这种交流会因若干个转瞬即逝的符号而自我暴露——一种不是那种真正睡眠中的呼吸,一些并不是睡梦中的身体运动。然而他们俩谁都不愿意破坏这种魅力。这是黑暗中的一种默契，一种充满美妙张力的情感共谋。

人们就下列问题的无法解决的答案进行了许多争论：你说的是不是假话？那你就问一位睡在你身边的人，轻轻地问他，别弄醒他：你睡着了吗？如果他回答说他睡着了，他显然是在说谎。但他可以用睡眠的游戏来回答，这就不是撒谎了，而是在玩谎言游戏。这中间有很大的区别，因为这是一种爱情游戏。问题本身就是一个爱情游戏，因为她假设那一位并没有睡着，而她却采取各种谨慎措施不去弄醒他。此外，这是唯一的也是同一个问题：你爱我吗？你说的是假话吗？你睡着了吗？而答案是：是呀，我爱你；是呀，我说的是假话；是的，我睡着了。这也是违背常理的。但是这个答案并非是虚假的。它只是来自另一个世界，它不是前一个世界的真相。"是的，我睡着了"，"是呀，我说的是假话"，"是呀，我爱你"，这种回答证明了一种神奇的梦游状态，总之证明了一种非常的清醒状态，对人们与现实建立的关系非常清晰，无论是在睡眠中、在谎言中还是在爱情中都是这样。

1983 年 10

初期大洪水的长长的闪电。

为生活的复杂性付出的代价也太大了。考察一下使用电话和心灵感应的努力的总和,看看使用技术和人际关系的努力的总和,以便在这个被称作为社会生活的奇特天地里能调节一点点人们的行为,人们真要梦想原始人生理努力的清晰性。这对于那些无益的精神复杂化来说尤其是真实的想法。应该永远偏爱纯净的生理努力,并且通过偏爱为单纯的五官快乐保留一份精神的能量。

人工智能的悲哀就在于它并没有人为性,因此也就没有智能。

清晨,在半醒半睡中,在这条静静的街道上,财富在巴黎市中心赋予了这条街外省的魅力,突然有一个唯一的声音,似乎急急匆匆地来自梦乡深处:一名女子的鞋跟那尖声尖气的窃窃私语声,每天到来的白天光线急匆匆地将她推向工作场所。声音来自街道的那一头,响声越来越大,从我窗下穿过时非常急促,在早晨的清晰中显得残酷无情(在夜间没有人会这样走路);然后,脚步声渐渐远去,走向了街道的另一头。她用了无穷无尽的时间走完了这条街,而这条街其实并不太长,但鞋跟那金属的回声实在难以驯服,它似乎对她周围绒绒的昏昏的天地作了判决。我敢肯定,这名女子也很清楚这一点,我还肯定,这是她一天中唯一的享受。

孩童般的失望:那位梦中遇到的女子,我疯狂地爱着她,并把我的地址留给了她——我很快发现这个地址是假的,觉得她没有任何机会找到我,无论是在梦里还是在真实生活中,我已经有这样的预感。然而为什么?为什么我会留给她一个假地址呢?即使醒来之后,我也一整天心里都很难受。

睡梦给各式各样的人一种印象,即它完全拥有他们所寻求的东西。对机敏的人来说有机敏,对真诚的人来说有真诚,对粗暴的人来说有粗暴,对狡诈的人来说有狡诈,对残忍的人来说有残忍。总之你应有尽有。这是激情的血浆,能够在任何系统中循环。

很多女性毁坏了自己的形象,她们认为自己的脸庞过于完美,所以不能体现个性。在这个已经被女性悄悄统治着的世界里,非常靓丽只能是一种严重的残疾。

当冰块结冰时,所有的粪便就都会冒出头来。因此,当辩证法被冻结时,人们会看到所有辩证法的神圣粪便都冒出头来。当未来被冷冻时,甚至当现在被冷冻后,人们就会看到过去的所有粪便都冒出头来。

亚美尼亚人动人的情况,他们所有的精力都用来要求人们承认这一点,即他们在1915年被屠杀①的事实。他们的身份要通过大屠杀来认可,必须为此提供证明。这有可能导致不惜生命的举动,以恐怖主义行动迫使世界承认他们。

然而,这一切具有某种令人生厌的东西。原因是身份并没有什么用处,从深层次上讲,身份只是一个梦想,为自己要求个"名正言顺",很奇怪地为自己要求个死,这不荒谬么。亚美尼亚人的这个状况非常悲惨,因为他们压根儿都说不上是为生存权而战斗,而是为曾经被人屠杀的权利而战斗。无论如何,怎么能为七十年来已经被全世界遗忘的大屠杀复仇呢?对抗世界性的无动于衷,能怎么办呢?那只有恐怖主义。超现实主义的复仇,它本身就注定会很快被遗忘。

从前,人们害怕在不体面中死去,或在原罪中死去。如今,人们则害怕在愚蠢中死去。因为没有

---

① 指亚美尼亚人1894—1896年和1915—1916年两次反抗土耳其统治的斗争。其中在第一次世界大战期间,就有约二百万亚美尼亚人被杀害。1920年的塞佛尔和约(Traité de Sèvres)规定成立独立的亚美尼亚共和国,后成为苏联的加盟共和国。

临终圣油礼能宽恕你的愚蠢。我们在这个尘世上体验到的这种愚蠢,它就像主观的永恒物。

女人中最具诱惑力的女人:那些患萎黄病的乡下女人,坐在白色的奔驰轿车里,披着爱马仕牌围巾。这种女人现在很少见了,偶尔会在海边出现。

对于开普勒①来说,宇宙是永恒的——没有宇宙起源大爆炸一说,丝毫没有根源之说,只有一种难以解密的命令(人们不禁要问:为什么总有某种想法产生,而不是对宗教意识说一不二,而且问题都是针对亵渎宗教的意识)。在宇宙间的恒星里、行星上,在椭圆轨道中,宇宙是固定的,永恒不变的。实际上,宇宙是一场庆典仪式:它的展开给我们的生活和我们思想的微观展开充当了典范。这就是开普勒的观点。

如今,我们不再相信这个观点。宇宙不再是永恒的,它起源于大爆炸,而且还在不断地膨胀(或根

---

① 开普勒(Johannes Kepler, 1571—1630),德国天文学家,哥白尼日心说的支持者。他开创了开普勒定律,即行星椭圆轨道运行法则。

据它的质量,处在潜在的衰退中)。事实已经证明了这一点,并且否定了开普勒的观点。追根溯源,我们理解开普勒,他那时只能依照他周围宗教世界的看法,认为世界是固定的和永恒的。这种必然性本身使得他的观点只能是错误的。

我们的观点又到了哪一步呢?我们的观点是真实的,因为它符合事实,而且这些事实就是我们的宗教。但是我们不能更多地用别的方式来思考我们的世界,我们只能用现有的方式,也就是宇宙膨胀说,如同开普勒那样,只能认为世界是固定的和永恒的。在这种相同的必然性面前,什么东西可以保证我们不是像开普勒那样,以同样的真实性,以同样的真诚去思考我们的世界,而结果却得不到更多的真理呢?

宇宙在膨胀,这让我们很高兴,然而说到底,宇宙膨胀也许仅仅是……从开普勒去世后才开始。

说宇宙处于无限的膨胀之中,或正在向一个无限密度的原始核心收缩,这取决于它的临界质量(随着新粒子的"发明",关于临界质量的问题众说纷纭)。从类比的角度讲,我们的人类历史是在进化或在退化,也许都是取决于人类的临界质量。人类种群是否达到必要的逃逸速度,以便克服质量的惯性?我们是否也像那些星系一样,处在终结性的运动中,正以飞快的速度让我们相距越来越远?或者说这种无穷的分散注定要结束,根据引力的相反运动人类的分子注定要相互靠近?每日俱增的人类质量,它能否控制这一类的脉冲呢?

东欧各国不仅变成了平民社会的圣地,而且还变成了教皇的栖息地。罗马教廷在洲际巡访和娱乐业界逐渐消散。莱赫·瓦文萨①则相反,他拒绝离开波兰去领诺贝尔奖。他才是真正的教皇,是那个不离开自己的梵蒂冈的教皇,并且在当地受到大家的爱戴。

他的妻子代他去领取诺贝尔奖,并且将诺贝尔奖放置在琴斯托霍瓦②的黑圣母教堂下面。这就是瓦文萨一世的行为,他是工会的教皇,格但斯克造船厂的那个汉子,西方无耻吹捧的那个人物:在这

---

① 莱赫·瓦文萨(Lech Walesa, 1943—),波兰团结工会创始人之一,后任波兰总统。1983 年获得诺贝尔和平奖。
② 琴斯托霍瓦(Czeschtokowa),波兰地名。

个大审讯官庇护下的幸运的小工会分子身上,我们看到了对我们所有错误的纠正,看到了对我们特权的大肆颂扬和宽恕。这也是对不同政见的崇高敬礼。我们感到自己就像最初的基督徒——多么大的安慰!上帝给我们派来了使者,而且我们已经听到了他的声音!(这还不像基督第一次出现的情形)。愿上帝保佑不同政见!我们自己的教皇,这位后现代的伪君子已经没有了任何的精神性,他在热带地区廉价出售神灵。他与刺杀他的凶手握手言和。你们看到了吧!罗马教廷这个虚伪的千年杰作,它已经死亡。虚伪整个地传到了东方,与精神性一起传了过去。古老的神学力量,黑圣母和耶稣会教士的力量,在得到共产主义的更新后,重新在瓦文萨和团结工会身上找回了它所有的力量,在不同政见和亲不同政见者那里找到了它所有的力量。正如康德所言,就让西方消化它的危机吧,让这股忧郁之风刮遍它的五脏六腑吧。

一九八三年:两件年度大事——瓦文萨获诺贝尔奖,教皇宽恕了刺杀他的凶手。虚伪的事件。按事件的乘方来提升高度的虚伪。

一位女士在电话亭里度过了圣诞节的整个白天,却没给任何人打电话。如果有人来,她就离开,然后又回到电话亭。也没有任何人给她打电话,但在街道的一扇窗户上,有一个人整天在观察着她,也许是因为无事可做。这就是圣诞节综合征。

整个整个的电影——《隔墙花》,《激烈的周末》①——都变成了广告宣传品。整个一个阶层,即那个由技术或心理学小玩意儿混合起来的文化的阶层——这是欲望形式的文化,就像脑袋形状的一段乐曲那样——干部阶层是根据他们自身的大脑功能进行晋升的。因为有人对他们说,他们的大脑像电脑,他们的晋升也可根据他们对自身欲望的表达;因为有人告诉他们,他们具有一种语言结构的无意识——有的就是这些东西,整个亚文化的广告的光泽,因自身的亲和性而催人泪下,因其生意性

---

① 《隔墙花》(*La Femme d'à côté*, 1981) 和《激烈的周日》(*Vivement Dimanche*, 1983) 是法国著名导演弗朗索瓦·特吕弗 (1932—1984) 导演的两部反映情杀问题的电影。

而战战兢兢,像铀一样得到浓缩,并得到自主管理的遗迹和交际的刻板模式的美化——出自芬妮·阿尔丹①那漂亮嘴巴的就是这些东西,并显示出特吕弗那自我广告式的现代主义风格。

既往病史、经典诠释、虚构故事、比喻超义——缺乏条理的话语。

智者,如果他想了解其心灵的状态,会注视指甲上的新月形条纹。

生活本身并没有绝望透顶,它只是稍微有些令人伤感。在白日的光线里隐含着某种模糊的东西,像言语那样有一种捉摸不透的东西,它给事物蒙上一层忧郁的外表,它来自比我们的无意识或我们的个人历史还要遥远的地方。

目前的整个文化有一种倾向,它要重新构建一

---

① 芬妮·阿尔丹(Fanny Ardant,1949—),法国著名影视演员。曾在电影《隔墙花》中扮演女主角,后成为导演特吕弗的女伴。

种健康、一种美德、一种知识道德,它要和科学、历史和民主方面的有教益的训练建立关系。1960—1970年间打开的缺口如今又重新弥合,所有的人都在武装自己,以便实现一个有操作性的前景。这个前景在 2000 年迫近之时,仅仅是一个防御性的精神发泄。危机的长期恫吓已经开始,知识的恫吓也已经开始。重新调整中心,重新调整中心,离心激情的结束。我们在欢乐中曾经解构和毁灭的东西,人们正在忧伤中——恢复。

布托城[①]:诱导疗法的戏剧。这些蜷曲的身体,一半像猴子,一半像爬行动物,总是贴在地面上,被一股凶猛的力量绷拉着。它们变得柔软灵活,不具人形,呈食肉动物状——从来不像西方人身体的那种自然主义造型,而是一些半遮半掩的、弯弯曲曲的、使劲支撑着的身体,是一些发白的眼睛,是猴子那悲剧般的淫秽,却有着赤裸的身体上那种珍珠般的白色(只有人的身体会赤裸,动物从来都不会赤

---

① 布托城(Buto),埃及古城,位于亚历山大城以东 95 公里处。该城的保护女神瓦吉特(Wadjet)为一蟒蛇身躯的神灵。这里每年都要举行瓦吉特节,进行各种纪念保护女神的舞蹈表演。

裸,它们只能给人的身体充当面具或隐语)。这些幼虫般的身体,这些蜷曲的、带电的、静止的身体,正像阿尔托可能会说的那样,总是处于精神电击的状态。在这些身体上,四肢在相互寻找,狡猾的形状在盐柱(colonnes de sel)之间发光——这是一种赤裸的狡猾,是一种紧张的、蜷曲的、畸形的赤裸,它在空中画出条纹,将人们吸引到它那里,引人发笑,也让人战栗,比西方舞蹈中延伸的身体的效果还好。寂静也是一种赤裸,一种吸引听觉的白色和珍珠色的形式,如同那光滑的、珍珠似的、扭曲的身体,将空间引向自身,而不是在空间里优雅地展开。这就是残暴的所有秘密:许多符号缠绕在一起,而不是相互分离,并注视着地面。这不像西方舞蹈那样要占据一个抽象的空间,应该将所有的空间收回到身体里,哪怕是造成荒唐的、痛苦的、永远没有享乐的裸体也在所不惜——因此,这对我们肉欲想象来说是非常残酷的。此外,这个空间还必须渐渐翻白,正因为如此,身体才呈现出翻白眼睛的白色。这些就像蚕茧、蜂巢、蛇结、野猫,它们具有剥去了毛皮的美丽——实际上,人类的裸体重新变成了一个胎儿世界和动物世界的表达方式,或像一只永远睁开着的眼睛,但没有目光。双手不停地伸向自己的脸,好像要把它扯下来一样,空间从来就不是自由的,身体是一条脉石,死亡先于出生,血液不再循环,天上下着盐巴,白色显得很神奇。与此同时,贝嘉①沿着城墙,一路跳着贞洁少女的法兰多拉舞——寓意、幻觉、击脚跳。这里是身体的纯粹的幻想,是轻盈的人的异想天开,是产钳的防护罩,是出生的幽灵。

水,本身是肃静的,却只期盼着发出声音。水本身是静止的,却只期待着流动起来。水本身是既冰冷又酸涩,但它却拥有盐的温热和纺织品的矿物性柔软。

占统治地位的意识形态的神圣恐惧。而反对政治迫害就是现在占统治地位的意识形态。反对政治迫害的神甫比政治迫害下的刽子手更有价值。羔羊代替了《启示录》中的狗。

---

① 莫里斯·贝嘉(Maurice Béjart,1927—2007),法国裔瑞士舞蹈家,编舞者。原名"Maurice-Jean Berger",因崇拜喜剧作家莫里哀,便借用莫里哀妻子的父姓"贝嘉"作为自己的笔名。

柏林。

突然,我不知不觉来到了前面。一长串涂鸦从墙壁的这一头奔向那一头,就像纽约地铁里的那些涂鸦,也像西方的移印图案。因此,我失去了对这堵墙的想象,对这个城市的想象,这座城市像人的大脑一样,曾经被人工解剖刀一分为二。边境附近的建筑物上还残留着一段炽热的历史那烧焦的痕迹——而冷酷的历史,它则自我吸收着冷酷的符号,这些符号使想象日趋失望(即使是那些涂鸦也都是冷酷的,唯一滑稽的符号,就是那些在 no man's land① 的铁丝网地带奔跑的野兔)。

无法重新找到恐惧的颤抖。一切都是微不足道的——在这里,在被其自身的暴力所摧毁的历史的顶峰,一切都十分平静,幽灵绰绰,就像十一月份一块模糊的空地。城区中无论哪个被废弃的区域都呈现出相同的情景。令人震惊的事,就是我们的历史像废弃空地一样被博物馆化。曾经相互争斗的人们回想起这段历史,就像是一个噩梦,也就是

---

① 英语,意为"死亡地带"、"无人之境"。

说,还像是在实现他们的某个欲望。但从今以后,符号才是真正的战场,这些符号是致命能量的导体,是电击的要素。今天,在燃烧的是电路,是大脑的网络,是我们这些感觉和爱情机器的网络;这不再是燃烧着的大楼,或崩塌中的城市,而是我们记忆的电波继电器在发出轻微的噼啪声。

我诧异地看着这堵墙,却无法再回忆起任何东西,甚至不会比两千年后凝视这面墙的人们更多地体会这面墙所呈现的历史意义。在精神上闭上眼睛,我看到克里斯托①之墙,一块巨大的织物纱布沿着加利福尼亚的丘陵跑动……从哪里来的这种展示带子和墙壁的激情?这里是混凝土的带子,别的地方是磁带或是梦想的展开带子,在科学家那里,是染色体带子还是脱氧核糖核酸(DNA)的螺旋体?事物就盘踞在它们自己的中心,就在它们内部的盘旋中,不应该试着去理清这种混乱。这里,一个城市的迷宫,同时也像历史的难解之结,一下子就被致命的切开术手术毁坏了。没有任何结痂的东

---

① 克里斯托(Christo et Jeanne-Claude,1935—),一对同年同月同日同时生的夫妻艺术家,丈夫来自保加利亚,妻子为法国人,现侨居美国。夫妻俩的艺术作品主要是短时间展出的巨型作品,即利用现有物品或自然风景进行人工点缀后的艺术作品。"克里斯托之墙"(1972)就是用13000米的尼龙布悬挂在科罗拉多的一个大峡谷中,形成所谓的"峡谷屏风"(Valley Curtain)。

西——但是切开术的疼痛却已经被人忘记。

对电影《浩劫后》①来说也是同样情况,这部电影被认为能启发拯救性的恐惧。用核威慑对付核威慑。炸弹产生威慑,应该对炸弹进行威慑。然而,我却无法看到任何东西,无法想象任何东西。纽约自然历史博物馆中逼真的巨幅幻灯片深深地触动了我,在那里,人们感觉在上演着冰川时期的颤抖。而在这里,我既感觉不到核武器的颤抖,也感觉不到它的魅力;既感觉不到悬念,也感觉不到最终的目眩。

所有这一切难道不是不可思议么?在我们的想象中,核打击难道不是一个总体的和没有明天的事件吗?而在这里,它只是导致人类种群的生态倒退而已。不过这种倒退,我们已经经历过了,我们刚刚勉强从中摆脱出来。我们所梦想的,那就是在人类范围内不再发生的事情:当我们不再生存在地球上的时候,地球会像什么样子呢?我们梦想着看

---

① 《浩劫后》(*The Day After*),美国广播公司 1983 年推出的一部电视剧,展示了北约和华约之间发生核战争以后的景象,主要反映核战争的恐惧。

到世界处于纯粹的非人类的状态中(这丝毫不是自然的状态),处于形式残酷的状态中。一句话,我们梦想着自我的消失。

核武器引起的晕厥属于同一范畴。这种晕厥必须形成一种人类的防护圈,并且结束我们对待世界的情感狂热。它应该将我们带回到元素和事件的纯粹地质学中。

这一切能够被隐喻到图像里吗?对这种事情进行暗示的可能性并不确定,而且不会比对生物分子学的暗示更加清晰,生物分子学则是核武器威胁的另一个维度。这个与我们没有关系,或者说与我们不再有什么关系,这只证明我们已经受到辐射了。就我们精神而言,这一切已经发生过上千次,而灾难也仅仅是一种连环画。在电影中粗俗地放映它,也不过是对日常生活核弹化的一种消遣——或确切地说:电影本身就是我们的灾难。它并不表现灾难,也不让灾难产生想象,相反它说:灾难就在面前,灾难已经到来,因为其想象物是不可能的。

柏林墙体现了冷战的过时特征。布满墙壁的涂鸦在美化墙壁的同时,也只能给它增加一点赞誉而已,就像一位奴隶,他用鲜花编织了一根抽打自己的鞭子。如果说莫莱迪①能够建议在拉德芳斯新区周边,在克勒茨堡②居民的参与下,按原样大小来复制柏林墙,这绝非偶然。墙上的涂鸦用的是持不同政见的颜色,这个好享乐的精神剧本所描绘的冷战,已经不再是原来的那个冷战。某一天,人们应该揭穿这种关于不同政见的骗局。西方知识分子利用不同政见,来到这堵代表耻辱的脑袋墙上进行自慰,花费少量的费用给自己重新构建一门人权美学,构建一门关于政治迫害的情感美学。这面墙用它自己的方式解释了明确划分善与恶的终结,它也因此变成了怀旧的符号。就像很多古建筑和很多事件一样,它们只是表达着对历史的怀念;就像许多怒火那样,它只是表达对怒火的怀念。如果说事情已经起了变化,那也只好作罢——人们总不能永远为一个厌食的历史而哭泣,在一堆厌食的废墟上哭泣不已。

---

① 莫莱迪(Raymond Moretti, 1931—2005),法国画家。曾经在巴黎西郊的拉德芳斯新区建筑物上创作过一些绘画作品。
② 克勒茨堡(Kreuzberg),柏林的一个城区,曾经被柏林墙一分为二。

所有的十字军东征①都是卑鄙的。

"面罩在舱压下降时会自动落下。请熄灭你的香烟。"

是否真的需要准备好带着面罩去死,直到至另一个世界时连自己都认不出来吗?

我想,成千上万的亡灵还继续出没在空中航线上,因为他们还没有在那里被人接受,原因就是面罩。他们继续在险恶的环境下游荡着,而我们与他们擦肩而过却并不知晓。

我不能与上帝一道乘飞机旅行,也不会和一个自以为是上帝(威尔第格利奥纳②)的人在一起旅行。这太危险了,这危险倒不在于与飞机一起坠毁,而是永远都下不了飞机。

---

① 十字军东征(les croisades),指罗马教廷在公元 11—13 世纪组织的九次面向中东地区的宗教远征,目的是要解放耶路撒冷的基督墓地,当时该地区已被土耳其人占领。九次东征各有胜败,对东西方都造成了巨大的生命和财产损失,但在客观上也促进了东西方的物质文化交流。

② 威尔第格利奥纳(Armando Verdiglione),意大利作家,作品有《上帝》等。

进入睡眠的不可能性的等同物,就是不通过意识的苦恼就不能从睡眠中醒来的可能性。因此就有了某种洗澡的去污必要性,以便驱除清晨的冷汗——这汗水也许不是体内的分泌物,而是身体表面一种突然的凝结物,就像在冰冷的玻璃杯上的水蒸气,或是周遭的焦虑,不确定的现实和早晨的第一缕光线。

沮丧的情绪几乎是不可避免地导致事故。但是突然间它变了,因为事故证明,我们能够将世界带进我们的踪迹,而且在不幸中我们还保留了某种权力。一系列的事故创造了一种不可思议的喜悦,这正是从中看到了这种奇特的权力。

圣安东尼奥市:在几小时间隔内,在一个平常人身上,在表面上看来很平静的生活中,发生了两件很不平常的事件——如果这两件事情之间没有联系,那么它们岂不更是非同一般了?

幸运事物的巧合是幸运的。但是,有害事物的巧合也是幸运的。任何巧合都是幸运的,因为巧合给精神提供了一种精神的快乐。况且,最让人满意的幸福莫过于由巧合构成的快乐。否则,幸运是否真是一种快乐呢?

在湖底,进行着物理法则的微型游戏,就在树叶的腐烂过程中,就在结冰车辙的蛛网形式里。于是,森林里池塘的表面反射了水中树枝的图画。这是因为树枝将冬季阳光的那点温暖几乎折射到了冰下,因此以水印的形式勾勒出它们在水下的存在。谁能梦想到如此巧妙的效果?由于水被冰覆盖着所起的作用,声音就传不出去,冰的振动以一种长长的尖叫声,波动着一直传到对岸。这几乎是动物撕破天空的那种效果。破裂的冰块传播着它那痛苦的波动。四周的树木被龙卷风撕裂。树木好像也在吼叫:痛苦通过动物界的痛苦传到了植物界。但是大雪用它的寂静将它们覆盖。所有树木都倒向一个方向,好像是要流向一条河。森林被一股疯狂的气流毁坏,就在黎明之前。没有人在那里听到成千上万的树木折断的声音,看到它们一批压一批地倒下。陨石的灾难,就像落在了一群野兽身上——这恰似森林通过刮风进行的自杀。

所有来自媒体的东西都是无用的,这种无用性由一种不可能性控制着,即不可能让这种场景保持空白状态。音乐、聚光灯、闪光灯、广告、信息、电影、女播音员……没有可选物来填充屏幕——只有不能申诉的空白。我们又回到了拜占庭的局面,在这种情况下,由于上帝不再存在,偶像崇拜就通过大量的图片给自己蒙上面纱。所以,稍微有一点技术故障,女播音员稍微有一点口误,就会重新变得激动人心,因为它揭示了这个空白的深度,而空白则从电视屏幕中斜视一切。

应该把机会留给停止的时间。这对现在的时间也是有效的,不应该想着在焦虑性衰退中妨碍他人。即使而且尤其是在政治方面,治疗的激情是最糟糕的事情。这正是社会主义者在社会性上所奉行的政策,也是生态主义者在自然方面所采取的方法,而我们所有的人在大量已经死亡的意识形态方面所做的是:治疗的激情。要以拒绝的名义存活下来,拒绝看着技术在死亡面前低头认输。要预备一切,储备一切,以拒绝看着某个事件逃出我们的控制。我们在培育着过时了的昏迷,我们酷爱人工移植。我们还热衷于假肢种植。到处都是对生命的激情,这种激情对应于生命原始形象的平淡无奇,对应于躯体的非化身现象,对应于一个死亡的世界、一个过时的时代的治疗性再生。

一个社会若允许这种龌龊的事件从自己的粪土堆上产生出来,并且任其在粪土表面生长蔓延,那么这个社会就像这样一个人,他任一只苍蝇在他脸上飞来飞去而没有反应,他任由口水从口中流出而不擦拭。他是一个癫痫病人,或是一个死人。

通过人们总是期待被认可的愿望,可以感觉到他们生活在自我的体现中。在这些人中间要改变现状会很奇怪。即使他们一文不值,你最终还是会承认他们。即使你一文不值,他们最终也会认可你。这样会创造一种偶像式的亲密关系,即知识分子阶层的特殊气氛。你可以通过表现一种提前认可的神情,使自己在这里一举成名;通过表现一种虚有名气的神情,将你提升到高于大多数凡人的地位,而且只能持续一个瞬间。如果没有这个一眨眼工夫的荣耀,知识分子也许就没有了他们固有的存在。如果没有这个引申的存在,他们就有可能沦落到只能相互掐脖子的境地。

致命的大瘟疫已经消失。取而代之的只有一种,那就是:人类生灵的急剧增加。人口过剩构成了一种慢性的、不可抵抗的瘟疫,这与鼠疫、霍乱正好相反。人们只能希望人口过剩在撑饱了活人之后自行停止,就像鼠疫所经历的那样,当它撑饱了死尸以后就自行停止了。这样的调节性条件反射,还能像当年对抗死亡的过度那样,起到对抗生活过度的作用吗?因为生活过度将更加致命。

云层的密集生活是地球的美景之一。云的愚

蠢特点之一就是顺风而行。但是也不要太相信这一点。风有时候会与云进行搏斗,就像在这里的沿海地带,但它没能挡住飞云,也没能阻止飞云将其无情的阴影投射到乡村和大海。

　　对于地球和它那些玄妙的蹼足类动物而言,这些云层与其说是一层气体的包层,倒不如说是一层肉质的包层。云层给我们带来了暴风雨、雨水、阴影和些许内疚。从飞机上看,云层呈现出浮冰的颜色,它们像冰川一样相互拥挤着,它们相互撕扯着,只有一种陨石式的命运。然而值得注意的是,除了穿越它们的那种神奇的电流外,还有这些运动着的团块那神奇的无用性。

　　河岸相互交叉,河流平行流淌。河流相互交叉,河岸平行延伸。只有一片树叶在飒飒作响,其他树叶则悄无声息。谁会知道这场梦的结局呢?

　　它是那么稀薄,那么透明,以至于必须两次经过同一个地方才能留下一点点阴影。

体验一种寄人篱下的命运,就像其他人在别国的国旗下航行一样。

清晨,在高架地铁的周围。

众多的身体拖着懒洋洋的步伐,这是受刑的反面:是工作的陶醉。这些疲惫的身子,因一夜糟糕的睡眠而疲惫不堪,这些一无所有的人彻夜难眠,出于节俭而重新坠入相同的梦乡。这是节俭生活的光彩,这种生活顺着风向,在街心广场的周围无力地旋转着。从来没有夜晚,从来没有冬季,从来没有阳光,从来没有夏天——这是工作的永恒季节,给身着罗纱短上衣的小姐们带来一丝不灭的光芒,她们两眼充血——她们看不到我,她们什么也不看,她们就是去上班,因此就显得更为美丽。应该能够将她们从清晨空气的抽象中拉出来,将她们重新按到床上,让她们重新进入梦乡,她们的步态举止就保留着睡梦那温暖的形式。她们是清晨充满色情的劳动女性。

一夜纵酒狂欢,苏丁①在一个朋友的背上刺了一幅画。当时他还没有名气。二十年后,这位朋友成了流浪汉,他在经过巴黎左岸的一个画廊时,里面正在展出苏丁鼎盛时期的作品。他走进画廊,并脱下衣服。一个富人将流浪汉买下,让他在蓝色海岸的别墅里光着上身来回展示。那个流浪汉后来老了,死了。或许是被人谋杀了?此后,人们看到展出了苏丁的一张颗粒奇特的绘画,不太像是网格版,但却是货真价实的。

No rain　　no rain　no rain!

　　　　　　　　　　　　　　No rain!

No sense　no sense　no sense!

　　　　　　　　　　　　　No sense!②

1984 年 4 月

---

①　柴姆·苏丁(Chaïm Soutine,1894—1943),俄罗斯裔法国著名画家。出生于立陶宛,后来到法国巴黎学习绘画。他的作品类似表现主义,比野兽派更热烈。作品有《剥皮的牛》(*Boeuf écorché*)、《雨后放学》(*Retour de l'école après l'orage*)、《男佣》(*Le Valet*)等。
②　英语,意为"无雨"、"无意义"。

对于一个如此灿烂的春天，人们能做什么呢？采取什么行动才能平衡这种光芒的四射，这种生命的热量？没有什么能与其相称，即使是色情的陶醉也不能（因为色情说到底并不是自然的，而且我们并不了解动物的发情期，即动物那季节性的性情迸发）。做爱，骑车，写字？这一切在春天的爆发面前都显得微不足道。唯一可以回应它的东西：一种彻底的牺牲，死亡，一种心灵与躯体的投降。这不是夏季的昏厥，而是初产期的祭品，生命凋谢的英雄气概，在今后的年龄段和季节的进程中，永远都不会出现这种同样的生命。

可是，如果春天只是一个面具呢？如果所有这种光线，这种无精打采的神情，这种不同往常的高温仅仅是一个面具呢？那么唯一的回应就是戴着面具走向这个掩盖着的自然，用牲畜的饰物遮挡我们的脸，用贞节和对自然性欲陶醉的克制来回应，对这种可疑的光彩夺目保持几分讽刺，在我们的领地里保留几分最高权力——因为就其他方面而言，我们在春天的这几个日子里，永远都比不上光线的奇迹。比不上提前的夏季炎热的奇迹。

在人的本性中，没有任何东西能诱使人做出不合情理和过度的行为，如夺取政权、发动战争等，只有面具，只有面具的形象。在面具的影子里，人们会接受世界的挑战，这个世界，我们永远无法知道它的真相，它基本上是一个人造的世界。正是面具允许人作出牺牲，允许人发动战争，也只有面具是唯一允许行使政治权力的因素。

人从来就不是仅仅由一个父亲和一个母亲所生。我出生在1929年，恰好在黑色星期四之后，属于狮子星座和经济危机星座。这些神话般的威力再也没有离开过你。它们以思想的特有形式施展着威力，虽然是一种荒芜的形式，但却是生命攸关的形式，是分析性的形式，也是孤独的形式——Solar critism，阳光的批评。我伴随着现代性的第一次经济大危机而出生，因此，我希望能够活得更长些，以便目睹世纪末那灾难性的转折点（如果存在一种出生和死亡的逻辑的话，至少我是这么想的）。我有个朋友出生在法国大逃亡①时期。这次人口的

---

① 指1940年5—6月德国进犯时，法国北部居民往南部逃难的大迁徙。

迁移重新燃起了他父亲已经熄灭的情绪。因此,他就成了这段历史意外交配的产物。

经过春天而实现的夏季的光荣提前,激起人们通过思想将一切提前的欲望。然而正是提前才是思想本身。这种提前可以来自一些自然现象,来自阳光和阴影。

雪不再是上苍的礼物。它会准确地下在标记着冬季运动场的地方。

这份报纸和这张照片在快镜头和剪辑上弥合得天衣无缝。对女人和旅行来说也是如此。以至于这些低级活动的整体(因为没有一个低级活动能够应对一个总体的计划)最终摆出一副奇怪的协调的样子。但是,这种样子能持续下去吗?它能够替代对任何计划的取消吗?

人们不能再说：我们觉得事情难以理解，因为我们缺乏科学知识。事情好像随着我们对科学了解得更多而变得越发难以理解。

这就像正在扩展中的宇宙：我们的仪器越是进入深处，宇宙的边界就越是后退。我们必须这么想，这种扩展，这种逃逸的直接原因就来自仪器的威力。

到底是什么使得宇宙在开普勒面前不逃逸呢？

语言学恐慌：笑话。语言细胞那没有控制的分权。

细胞的恐慌：癌症。对任何范畴的秩序不服从的兽性的微弱愿望。

透明性：所有时间点和空间点的同时性，在光线瞬间性的符号下人们的同时性。绝对的和过度的混杂。苏维埃的混杂已经无法忍受，电的混杂更加令人难以容忍。不再有表面（但愿表面在深度时代曾经美丽过！），不再有距离（但愿邻近在距离时代曾经美好过！），不再有表象，不再有维度。有人谈论到人类关系的空间学,然而更应该谈谈信息学和电子学的拉皮条学,它建立了所有地点、所有人类生灵的绝对混杂,从问题到答案,从题目到题目的解全是这样。信息的粪便文学:一种绝对的可传导性的梦想,它只能是轻泻的和排泄物的梦想。

天主教自我建立在象征性义务之上,这种义务对教皇来说就是保持在世界的中心,如果有一个世界中心的话。如今,教皇像一个职业活动家,在世界各地飞来飞去:这是喷气式的传教使命。这一次,他还能为自己支付奢华的一次未遂刺杀:这虽然不能给上帝的光辉增添什么,但这可以将他认证为媒体的偶像,成为舞台上的表演动物。这也将他认证为一个目标物,使他瞄准国际社会,将国际社会作为他的公众。他真正变成了这个世纪末最漂亮的特别效果。

"应该在太阳落山之际,在最后一缕斜光照在贝尔尼尼①的廊柱上之时,去看教皇穿着淡紫色服

---

① 贝尔尼尼(Gian Lorenzo Bernini,1598—1680),法语中叫贝尔南(Bernin),意大利雕塑家、建筑师、装饰家和画家。他建造了梵蒂冈圣彼得大教堂前的广场上的长廊柱子。

装,由瑞士人卫队拥簇着,在隐藏在雕像后面的二十盏照明灯的照耀下,从大教堂的大门走出来。就这样,波兰籍教皇通过他的形象,希望将福音书送给工业文明的异教徒。这些异教徒不仅抛弃了基督教信仰,而且还被剥夺了表演的权利。"

人们在思考神学家在伽利略发明了天文望远镜后的发问:当人们从这个小小的望远镜里看弥撒的时候,一次弥撒是否还是一次弥撒呢?确实,通过我们的远程——或显微——装置,我们的眼光斜视到另一个世界。神学家们没有错:从望远镜里看,一次弥撒不再是一次弥撒,就像一颗粒子在显微镜下看上去不再是那颗粒子一样。可是,梵蒂冈对此并不在乎。倒是学者们在今日有所顾忌。而教皇呢,他是主教团的主人,因此也就成了望远镜大师。

有一天,我们会重新站起来,而我们的屁股还是连接在扶手椅上。

"符号不是偶然产生的":这是在我们的墙壁上

出现的广告思想。它是否想说,符号产生于服从符号的必要性呢?说没有这些符号,任何事物只能是一种模糊的和任意的游戏呢?真实是否产生于偶然呢?符号是否是一种命定,或是社会生活的一种简单的必然性呢?这个晦涩难懂的短句子,在标语的拐弯处,引起了一连串的询问。然而真有必要提出询问吗?

生命的符号:嘴唇的湿润。这就是人们对临终者所做的事情:给他们沾湿嘴唇,为的是让他们不感觉到已经死亡。嘴唇上的水带来的快乐已经超过了饮水的快乐。正如《古兰经》上所说,嘴唇是我们的源泉。触摸嘴唇的享受,嘴唇的永久运动。只有嘴唇的湿润才是爱情的符号,而嘴唇的干燥则是冷漠和死亡的符号。不再眨眼的目光,它也显示出死亡的固定性。不过,眼睛也不能眨得过多,嘴唇也不应该过分湿润。那是我们爱情平衡的脆弱符号。

不再时尚的东西会进入习俗中,而习俗中消失的东西又会在时尚中复活。

"迈克尔·杰克逊是一个孤独的突变体,他是完美的混血儿先驱,具有其普遍性,可以说是人种后的一个新兴人种。现在的孩子相对于混血社会而言已经没有障碍:那是他们的世界。而迈克尔·杰克逊用他的形象预示出他们所想象的事物,预示了他们所想象的理想未来。"(阿兰·索拉尔①)

对此还必须补充一点,迈克尔重新作了整容,整理了不顺的头发,做亮了皮肤,总之,他非常细致地重塑了自己:这就是将他变成一个天真而纯洁的儿童的东西——寓言中人造的两性畸形的人。他能够比基督更好地统治世界,并使世界和解,因为他比上帝的孩子更好:一个假肢儿童,一个梦想的所有突变形式的胚胎,他能将我们从种族和性别中解救出来。

统计是一种实现欲望的形式,就像众多梦想

---

① 阿兰·索拉尔(Alain Soral, 1958—),法国随笔作家和小说家。

一样。

摩尼教是两大强权的不可逾越的对立。道德仅仅是两种价值的对立。在价值的秩序中,总是存在和解的可能性。而强权的无序性是不可调和的。

年轻姑娘对于年长男人的兴趣:那是因为这些女孩可以在他们的目光里发现她们青春的反光,看到她们现时的和感官的魅力。这种情况她们不可能在年轻男人的眼睛里找到,因为这种反光被双方平分了。

对于情夫来说,年轻的姑娘丝毫不是一种乱伦的形式:她是对以往生活的怀念,是对一种纯洁的千差万别的对象的向往,这个对象因其年龄差距而更加具有性的魅力。这一点,男人不能从同年龄的某个女人身上感受到,这个女人立刻令他觉得像自己的母亲。

如今,我们应该在生物学或者悼文学

(nécrologie)中行事。在档案中或在蛋白质中行事。否则,就没有必要去思考和写作。

政治上喜欢有易装癖的人在哪里?那些权力的大狂人和阴阳人在哪里?那些决策的类女人和管理的两性人在哪里?

真正的狂人,那些在戏剧性外倾中践踏权力的狂人,将权力炫耀到极致的狂人,现代的海利奥加巴尔①,对权力进行嘲笑的戏剧家,正像对性别进行嘲笑的那些有易装癖的人——他们就是阿明·达达和博卡萨。他们是真正专横跋扈的大狂人,他们根本不管什么代表性和合法性——残酷的偶像,他们不是那些虔诚和伪善的圣人,就像大部分政治家那样。也许还要加上教皇,教皇的世界性成功也是一个伟大的易装癖患者的成功……

家庭的微型计算机:现代性的第一件家用物

---

① 海利奥加巴尔(Heliogabale,约 204—222),也称埃拉加巴尔(Sextus Varius Avitius Bassianus,称 Elagabal),罗马皇帝。他的名字成为挥霍、独裁和荒淫的代名词。

品,人们可以自问它到底用处何在。通过这一点,它无疑标志着消费社会的真正结束。

通过侵害从自我中走出来,悄悄地、巧妙地走出来。从自己中退出来,如同夜幕降临时光线从一间房子里退出来那样(况且夜幕没有降临,是那些物体在白天临近结束时将光线分泌出来。这些物体感到疲倦了,所以想自我流放到自我的安静中)。

灰蒙蒙的白天,一动不动,就像一个永恒的黎明。鸟儿们也弄错了时间,它们将整天啼鸣,而天却一直也不亮。

今天是五月十三号,星期天,十八点整。是好兆头,还是坏迹象?

傍晚时分,一股悄悄的寒风刮起来。现在只缺一场热风暴,以便将季节的非真实性推到顶峰。然而,鸟儿在鸣叫,人们在思考,星期天,悄悄地。他们想驱走没有太阳的日子和礼拜日的单调乏味。他们梦想着热量与沙滩的订婚仪式。他们梦想着把镜子弄浑,在各自的疯狂中大放光彩。他们在聆听着一首巴洛克风格的音乐:"从哪里来到我们身边,从哪里来了这么一种孤独?"

我们只是一些变异了的子孙。众多事件,诸多发现,许多看法还停留在 1910 年到 1930 年期间。我们活着就像筋疲力尽的文献注释者,早已厌倦了这个疯狂的时代。在这个时代中,现代性的所有发明(以及对现代性即将结束的清醒预感)是在一种保持着辉煌风格的语言里形成的。在我们后面是最大的强度。在我们前面是最少的情感和知识启迪。这就好比世纪的普通熵运动,初始的能量渐渐消失在复杂的分权中,消失在结构、绘画、思想、语言学及精神分析的革命中——最终的格局,即"后现代"的格局,标志着最为衰败的阶段,最为人工和最为折中的阶段,这是破成碎片的所有偶像的拜物教,是先于拜物教的更纯净的符号。

即使是 1960—1970 年间那闪光的伟大时代,如果拉开一定距离去看,用力量观念(idées-force)的话来说,那也只是世纪衰退进程中的一个插曲。不过这倒是个预兆。

惊讶是否有可能来自一个新的事件呢? 对此,

我们一无所知,因为档案和分析都是黄昏的工具。

计算机仅仅标志着我们技术的回溯性的巨大力量。也就是说,是一种处理数据的无限可能性(不过,仅仅是数据而已),而丝毫不是一种新的观点。我们伴随计算机进入一个完美无缺的时代,一个使一切枯竭的时代。普及化的互动活动废除了特别的行动。各种接口毁灭了挑战、激情及民族的竞赛,思想和个体的竞争,而这些始终都是最美丽的能量源泉。

医治我们自己的悲伤是件很困难的事,因为我们就是这种悲伤的同谋。要医治他人的悲伤同样也是很困难的事,因为我们也是悲伤的俘虏。

我的洗脸池堵了。我倒进了大量的用热水化开的烧碱结晶。在下水管里,诱导剂和去污剂跟半透明的有机碎屑的凝聚团块进行着一场殊死的搏斗。猛烈的喷溅,硫化物射精似的喷出,证明了浓痰、头发及排泄物的抵抗,这些污秽物随着手淫者的卫生强度而日渐积聚。突然,一下子全部清空,含硫化物的水就像是被一种超凡的速度抽吸着,流向地球的中心。生活可以继续下去。

最近,有一群年轻的姑娘在大街上游行,如果是在另外的天空下,她们完全有可能戴着花冠,走在雅典娜女神节的仪仗队中。她们是一批愤怒的年轻明星种子,她们要求不再需要和导演睡觉就能成名。"要看才华,而不是我们的屁股!"看到将这种问题摆到公共广场上,不免让人唏嘘不已。众所周知,这类事情的公开化,常常会反过来损害受害人的权益,强奸的烈度只会因媒体的强奸行为而加大。在这种情况下,人们不免会说,这些寻找角色的年轻姑娘,她们已经处在提前卖淫的状态中。还会说,她们在违心地将自己奉献给导演的淫欲之后,现在又将自己奉献给大众的淫欲,这一点如果不能证明她们的清白,至少可以证明她们的天真。

隐语的寂静伴随着残酷的行为,于是那位食人肉的日本人直接从爱情的隐语转向吞食一位年轻漂亮的荷兰姑娘。还有另一个女人,男人说他如此这般地热爱她的目光,于是她就挖了一颗自己的眼睛送给这个男人。

对隐语的消除是它的对象及其残酷性的特征。词汇只是包含着文字的内容,物质的内容。它们已经不再是语言的符号。这是纯粹对象性(objectalité pure)的沉默。

身体变得越来越重,变得一天比一天稠密,不知不觉地,也几乎不改变重量和外形。身体承载着一个死的重量,并且累加到活人的有效重量上。这就像是身体的伸缩性抛弃了身体,让位于引力的力量。身体远离了舞蹈,却靠近了质量。它远离了初始的运动,却接近了死亡。

思想在关键的平衡中已经不能坚持多久。必须将它分成碎片,让它处于强烈的怀旧情感和强烈的情感提前之间。

当然,应该梦想得到所有的女人。没有一个女人会受到伤害,只要男人是通过这个女人去梦想其他女人。

生孩子变成了不可思议的人造行为。它和充满激情的意外事件再也没有任何关系,它成了单性生殖的结果,是对生物数据、营养数据、社会心理数据精确计算的结果,人们会自问在这方面,梦想、欲望或与此相连的命运还有没有一席之地。也许人类种群正在失去对性生活的兴趣,取而代之的是原生动物的移植。更何况人工授精设计的东西,完全有机会在人工智能中延长生命,通过一体化的老化而死亡。在机械的未婚妻之后,将是机械的寡妇。然而,每个人类生灵都是一次性行为的产物,一种性协议的产物,否则,那就不是人类种群。必须有一种性的交媾,一个人类的生命才能完成,同样,对于印度教徒而言,必须有一种言语和沉默的交媾,一种牺牲才能成功。

就某种意义来讲,孩子正是人类的延续。可是在另一种意义上讲,孩子又是生物遗留物。我们越是走向变化、基因革新和时尚的范畴,对事物的信赖就越不真实。人们无法相信每一代人,无法相信一个孩子出生以及器官成长的过程。这种事件的天真性和缓慢性,都是我们的经验无法比拟的。

如果我们已经失去惩罚的想象力,那还怎么希望获得对审判的行使呢?如果我们已经不再接受这些东西,那么如何对它进行判决呢?如果我们不再有能力审判或被人审判,那么我们就会失去在过去或将来被人宽恕或判刑的任何希望。然而,那些无法被反射到过去或将来的东西,将时刻发生并导致各种后果。**最后的审判**变成了即时现实。从此以后,这将是所有程序的传染病式的繁殖和无节制的扩散,是各种癌症的传染病式的大量增生。

任何人都无法识别他人嘴巴里说出的对自己的陈述,是坏话也好,是好话也罢,就像在一段录音带里无法辨认出自己的声音一样。世界只能向我们反馈我们弊病的不对称形式,就像镜子只能反射我们脸部不对称的形式一样。

在一对夫妻的爱情中有一份自尊的协议,一份光荣的协议,至少和性兴奋一样是基本的要素。性兴奋在身体中静静地衰竭,然而协议呢,它只能通过言语才能被中止。

如果你说"我爱你",你开始爱的就已经是语言了,因此,这就已经是一种感情破裂和不忠的形式。

如果我们可以作一假设,说任何事件在历史尚未以这样或那样的方法终结之前都没有最终的意义,那么,任何赋予一个事件某种意义的方法都是一种终结历史的方法。

如果每天都是节假日,那么城市将会更加神秘。

鸢尾的河流：并不是水在鸢尾花中间流淌，倒是鸢尾花在水的两岸之间流淌。

与我们史学家的文化相反（出于对我们目前状况的怜悯），只有文化的提前令人振奋（出于对我们未来的狂妄自大）。

许多无限的空间（帕斯卡[①]也许用不着担忧）变成了广告空间。是广告提供了交际的恒星载体。既不再有沉默的天体，也没有星象的符号。广告将给精神圈提供食粮。人们对未开发的处女空间的殖民化程度越高，就越是陷入恫吓的空间，这是发挥至极的广告形式的恫吓。

冷冻的胚胎，解冻的胚胎，重新植入母亲子宫

---

① 帕斯卡（Blaise Pascal，1623—1662），法国数学家和思想家。著有《思想集》等。

的胚胎。人们如何处理那些父母因意外而死亡了的冷冻胚胎呢?人工授精的孤儿?亿万富翁的胎儿?幸好还有一个基因胚胎控制委员会和一个人类种群伦理委员会。可是那些概念的孤儿呢?人们如何处理那些父母因意外而死亡了的冷冻概念呢?

野草是能够从风中获得最大快乐的东西。它从微风中聚集起不起眼的空气能量,就像海浪吸取海底的能量一样。草是绝对顺从的,它是飘忽不定的,没有用处的,因此也是永生的。

一个梦的场景,总是相同的场景。在静静的沙滩上,几秒钟之内(就像要消失的太阳那样的速度),一场狂风暴雨的征兆。大海一下子因突然出现的光芒而发怒,云层上堆满了雪,一排巨大的海浪悬挂在悲剧性的海拔高度上,然后俯冲到有人居住的世界上。这一次,海浪冲到沙滩上,在那里渐渐死去。但是在更多的情况下,海浪用它全部的静静的波涛淹没整个城市。

总有一天，我会称赞万格洛神奇的山谷，道塔维尔神奇的背斜谷，维尔杜布尔①峡谷清澈的河水，旧石器时代的高地俯瞰着葡萄园和卡塔尔教徒的城堡，凯里布斯，佩尔裴图孜②，还有狮子和野牛的记忆，它们在向阳的悬崖下追逐猎物。在五千年前，它们也被原始人类猎杀着——这个封闭的世界，从前是食肉的有限性，如今是阳光下的平静。

狗在笼子里转圈，笼子又在机场的行李传送带上转圈。它在行李堆中转了一圈，又转了一圈，自豪得像个偶像，并没有感到这种情景很滑稽。时间一分一秒地过去，没有人来带它走；行李一件件消失，然而狗还在那里，直立在笼子里，充满着自尊（也许是焦虑得发疯？）。无论是谁，在大庭广众下被这样抛弃，都会羞愧得死去。但是狗还在那里，一副自尊和无动于衷的样子，就像坐在非洲保护区

---

① 维尔杜布尔(Verdouble)，法国南方河流，河边有道塔维尔史前遗址。参见第 103 页注释①。
② 凯里布斯(Quéribus)、佩尔裴图孜(Peyrepertuse)，两座卡塔尔教徒的防御城堡，皆位于法国奥德省(Aude)。

高地上的狮子,昂着头看着西边的落日,其屈从的条件丝毫没有损害它兽王的形象和超凡脱俗的神情。人类来这里观看狮子,而狮子只看着太阳。人类在等他们的行李,而狗只能等待它的主人。这不免让人想起莱卡,第一条被苏联人送上卫星轨道上的母狗,它也被固定在轨道上,等待着科学的征兆。如果它的主人把它遗忘了,也许今天它还在旅客的眼皮底下转来转去呢?说得更简单一点,也许它的主人仍在那里,在我们的眼前,在他的狗身上得到再现?

无论如何,机场里"索取行李"的场景具有永恒的价值:就在这个空中飞行所代表的某种死亡之后,每个人又来取走属于他从前生活的东西。这就像是重新分发给每个人有权带到另一个世界的东西。是什么奇迹使你能重新找到你出发之前留下的同一个行李,同一个旅行包?是什么奇迹让这只狗在到达目的地后,仍然属于它的主人?只有它自己知道,因为只有它从来没有想到过死亡。正像那些保护区里的狮子或长颈鹿,它们从来不会想到它们被隔离和被嘲笑的状况,这与空中旅行的嘲讽同样荒唐——否则它们会立即死去。

每一次飞行,总有一些孤儿般的行李继续在那里转圈,没有人来领取。或者相反,有些人留下来等待他们的行李,却永远等不来。那些开始失去希望的人的目光令人难以忘怀。

然而,没有人会去偷别人的行李,因为每个人只想着恢复他自己的存在。谁愿意在别人的皮囊里,在别人的行李中再生呢?谁愿意收留一只别人的狗呢?一种免疫力保护着人们,保护着经过航空飞行的神圣混乱和死亡禁忌而存活下来的人。

在史蒂夫·旺德①的音乐会上,在音乐的极度兴奋之中,在体育场成千上万人的电子晚会中,聚集着无数的脑动机(cérébromoteur)的奴隶,与大都市夜总会何其相称。他们随着合成器的节奏起伏,还有无数打火机的火焰,作为发光的掌声符号。这是地下墓地的崭新仪式:十足的冷淡,对特技音乐的无动于衷,没有一个句子或者严格的技术性旋律的影子。一切都来自内心深处,同时都经过了编码。严格控制的恍惚,冷淡的仪式,从人情角度讲,

---

① 史蒂夫·旺德(Stevie Wonder, 1950—),原名 Steveland Judkins,美国著名盲人歌唱家。他以自己的天赋才华赢得了许多令人羡慕的殊荣,其中包括22次格莱美奖及1次奥斯卡最佳电影歌曲奖。

距离音乐自身的狂野相去甚远,它只是技术上的狂野。唯一剩下的是视觉上的冲击,即人群及其身体崇拜的景观,尤其是当这个偶像是盲人时。他用失明的眼睛指挥着这一切,将世界与喧嚣置之度外,却又像一头野兽一样将其完整地吸收了。像在博尔赫斯①身上的那种神圣性。那是盲人般的半透明性,享受着光线的宁静,因此也利用着对意识清醒的恫吓。但是,现代偶像崇拜要得到维持还是有难度的,许多身体都是僵直的。技术性将战胜新型的城市晚会的狂热。

衰老并不是一种与生物学期限的靠近。它是一个越来越长的螺旋体,它让你远离年轻时期在体力和智力方面的可支配性。终有一天,这个螺旋体会变得很长,长到失去了所有返回的机会。寓言变得怪诞,生活的顶峰消失在空间里。同时,时间中快乐的回声变得更加短暂。快乐引起的快乐将逐渐淡漠。事情将生活在怀旧中,而它们的回声则变成对以往生活的回忆。这是镜像的第二阶段,也就

---

① 博尔赫斯(Jorge Luis Borges,1899—1986)阿根廷著名的诗人、小说家兼翻译家。

是老年的开始。

福柯①之死。对他本人的天赋失去信心。成为绝对的参照基准是致命的危险。免疫系统的丢失，除了性事方面以外，仅仅是另外一种程序的生物学记录。当巴特"让自己死亡"时，相同的事情就已经发生在他身上了。

萨特死的时候排场很大。巴特和福柯却悄然离去。伟大的文学家、修辞学家愉快地承受荣誉的时代已经结束。大众传播媒介时代那些机敏的思想家已经不再能承受这种荣誉。在一个民主社会里，当思想没有结果、事件没有记忆时，偶像的功能以及权利的行使变得越来越难以承担。这种状态使得以奴役为形式的结晶变得尤为紧迫，这种志愿的结晶围绕着一个选出的重要人物，因为他具有抽象的和专横的性格——这就是发生在福柯身上的事。但是，这种献给纯知识分子的荣誉将迫使他消失。那种对自己思想的模拟的无上荣光所引发的内部丑闻是无法承受的。萨特长期以来研究各种

---

① 福柯(Michel Foucault, 1926—1984)，法国哲学家。主要作品有《疯癫与文明》、《词与物》、《知识考古学》、《性史》等。

形式的内疚意识,但是他却没有福柯那么难受,因为福柯那时矛盾地生活在不招人喜欢和受迫害的状况中。说他受到迫害,情况确实如此,他确实受到成千上万的信徒和献媚之辈的迫害,他自己肯定也在内心里鄙视他们(至少人们希望是这样)。这些人对他进行仔细的分析,甚至对他所做的事进行情感的夸张。忘记他就是帮他的忙,崇拜他就是毁了他。

他的死有可能与对某一本书的提前的和盲目的最大赞赏相吻合,而这本书本身的去留就成问题。他自己说到底,在与这本书进行长期的游戏后,在与自己的死亡进行长期游戏后,他到底在期待什么呢? 总之,死亡是对这种过度而自命不凡的荣誉的一种相当高雅的回应,而那些低能儿却用荣誉去折磨他们的思想主人——这是对知识赐福行为的一种极为严厉的反驳。威望,人们可以把它当饭吃,因为它来自你的同类,还要回到他们中去。但是,对于他人通过奴役给你强加的权力,你还没有防御手段。因为即使是系统的失望,正如福柯所做的那样,也无法让这些人丧失勇气。最终,为了逃避狗的纠缠,必须学会逃跑——或者学会用对待狗的方式对待他们——这可不是所有人能够白白捡到的东西。

福柯越是变得专横、暴虐、任性,他的威望在知识界就越高。有关这个阶层的贫困,这些就已经够多的了。不过说到底,这也许与摇滚乐的大众阶层没有多大差别。这是知识控制和人工可靠性之间的扭曲,是随着威望不断下降而逐渐加强的崇拜,另外这种威望还与思想的崇高性密切相关。

这种强迫性宗教聚集在人的身上,而这种人正在失去知识的免疫力。他在他自己的眼皮底下逐渐消失,就像一个被机会压垮的赌徒,就像那些偶像和明星,连姓名都不再属于他们。无论什么社会都需要这种集体的牺牲,这在过去就是仪式性的牺牲。是否应该谴责那些献媚者的卑劣行为呢?而他们也只是这种牺牲的主祭。整个程序是难以改变的。许多集体联合起来,将主祭中的某个人提升为一个声誉卓著的重要人物,而同时又用他们的虔诚不停地毁灭他。简单地说,这种事情过去发生在节日里,而现在则发生在忧郁和衰退中。这是专制主义和自愿受奴役的工作。当这种工作在知识领域里发生时就显得越发夸张,因为知识领域历来炫耀精神的自由。当你看到成千上万有教养的人,从他们沙发座椅的深处,连续数小时地窥看老年拉康意志缺失后的沉默,当你看到众人看着他死去的沉默的独唱音乐会时,你就会明白有某种荒谬的东西正在人们的心灵中腐烂,这就是最为美妙的欣赏激情。

福柯:对总是更为精确的系谱学的萦念,对总是更为渊博的时限的省略,这种现时时限的省略将通过一种预先的客观性来完成。这就像一种思想开始在一个障碍物前打转,它永远也无法跨越过去——它永远也不会跳过障碍物的阴影,不能超越它产生的程序和它的追溯性连接。只有这样,人们才能成为绝对的参照,将自己与知识的不可改变的继承性连接在一起,与一种权威连接在一起,这种权威当然试图建立在越来越久远的时代里。一个苦行的行业,它禁止自己提前行事,甚至是现时的侵害,它禁止任何对同类法律的违反:对自己提出的观点必须有十分的把握。这一点有些不太现实,因为没有一种思想能够对自身有十分的把握,也不能意识到思想的对策。思想应该承担起它没有说出的东西的风险,而不是它所说的东西的谨慎。即使在福柯的谨慎中也有一种客观的廉耻,他的悲剧在于他从来没有跨越过这道防线,他把自己关在对自身的歧视中,总是苛求得到另一个权力。这种苛求,福柯用了所有的计策去建设它,用上了他所有的精力,这种精力在他自己的总结中越来越没有把握,并且因为荣誉的夸大而变得含糊不清。他正是死于这种无限的衰退,他消失了,对我们来说没有多大希望了,但对他自己来说也没有多大希望,他消失在**最高知识**(Haut Savoir)的模糊的边缘。

巴特、拉康、福柯(甚至阿尔都塞①)的作品是什么?无非就是消失的哲学。人类的消除,意识形态的消除。缺席的结构,主体的死亡,缺乏,性欲缺损。他们都因为这些而死亡了,而他们的死亡带有非人类外形的特征。他们的死亡标志着一种**重大的放弃**,一种退出,一种意志的计算好的口误,一种欲望的计算好的衰退。在临近结束时,沉默笼罩在他们身上,无论是以什么形式,词语也一个接着一个地退了出来。他们的思想没有值得歌颂的明天,而且令他们的弟子失望的是,这些思想很可能没有

---

① 阿尔都塞(Louis Althusser, 1918—1990),法国结构主义马克思主义哲学家。作品有《保卫马克思》、《阅读〈资本论〉》等。

结果。因为这些思想很敏锐,因此它们就让自己的痕迹更加巧妙,最终也就从来没有产生过创建性效果(无论如何,这并不是这些思想所产生的最佳效果)。那些思想根植于人道主义、自由主义或放荡特征中的人(列维-斯特劳斯①、列斐伏尔②、阿隆③、萨特),这些人能够更好地存活下来。活着或者已经亡故,他们都没有以这种方式"消失掉",他们没有受到病毒的侵害,他们的作品使得他们永存不朽,他们从作品中获得荣耀,而且经久不衰。相反,整个一代人将全部消失,这与他们所描述的或预测的非人类性的东西完全相符。这就是上一辈学者留下来的那些讽刺性符号,对那些由于他们而庄严地失望的人来说,所能做的全部工作,就是将这些符号变成积极的纪念性建筑,变成那种值得记忆的、充满滋味和知识的纪念性建筑,而不用考虑其

---

① 列维-斯特劳斯(Claude Lévi-Strauss,1908—2009),法国结构主义人类学家。作品有《结构人类学》两卷、《神话学》四卷(《生食与熟食》、《蜂蜜与灰烬》、《饮食礼仪的起源》、《裸体的人》)、《野性思维》等。
② 列斐伏尔(Henri Lefebvre,1901—1991),法国哲学家、社会学家。他是西方学界公认的"日常生活批判理论"之父,是城市社会学理论的重要奠基人。作品有《日常生活批判》(共三卷)等。
③ 雷蒙·阿隆(Raymond Aron,1905—1983),法国哲学家、社会学家。作品有《历史意识的维度》、《知识分子的鸦片》、《工业社会与战争》等。

消亡的雅致和风度。

时间的原子,从前曾经组合成复杂的众多整体,如今蜷缩成密集的核心,要穿透它们是不可能的,而且越来越大的压力把我们送到分子的阶段。在空白时间的压力下,我们又重新变成被唯一速度所驱动的生灵,只知道炎热和寒冷。每个生灵都变成一个极微小的小体,却受到一个总是更快的速度的推动,对它来说,只有加速给予它生命的情感,而任何减速都是致命的。

现在请将我们的目光转向南方的土地,那里照耀着万物初期那唯一的和忧伤的光芒。

当人们飞越地球跨越两万多公里时,就会发现地球是一个由众多沙漠构成的和谐整体,包括海洋在内,从北极到南极,等距离点缀着一些奇怪的都市圈和一些疯狂的植物区。其间的距离由众多时区的不眠之夜扫描着,或者由它的轨迹,即一个几何函数,根据经度和纬度、海拔和速度的众多坐标扫描着。奇特的情形出现在印度洋上空,当遭遇到一场暴风雨时,在一只舒适的吊舱里,那里的生活只有在脆弱中和非愿意的情况下才有意思。在这样的海拔高度要维持一种社会关系是没有任何意义的。只需一边吃着饭,一边窥看着那些面孔的平庸,看着这些脸,死亡将你们聚集到一起的机会极小极小。

　　云块的影子非常精细,就像在平坦的沙漠上的一个罗夏①墨迹——边界清晰,呈锯齿状,就像是在空中鸟瞰的一个干涸的湍流的画卷——线条精确,但有点梦幻感,像是被发电水坝淹没的许多树的侧影——非常轻盈,像北极妇女的种族性美丽,当她们在南半球的天空中给你倒茶的时候,她们的人工微笑也是那么轻盈——欲望也是这么疯狂,这是永远不想到达终点并无休止地绕着地球转的欲望。

---

①　罗夏(Hermann Rorschach, 1884—1922),瑞士神经科医生、心理学家。他发明了一种心理测验法,称作罗夏墨迹测验,是投射心理学的基础。方法是让测试者自由解释一连串对称的墨迹,然后根据他的陈述来总结这个人的人格。

梦想一个母系的乌托邦,一个温柔的和女性的、嗜眠的和岛国的乌托邦,也就是南极和南半球的乌托邦。梦想一个漂流的大陆,在那里,生物种群的游戏规则,人类和非人类的外形都有可能被打乱。一旦过了赤道,意识和无意识可能会像磁极一样倒向另一边,所有人类的星座可能会像北极星和南十字星座一样颠倒过来。有一些这方面的痕迹——这是整个一门关于生物退化和有袋类生物的哲学。土著人对父系亲缘就没有任何概念(但在父子关系、因果关系乃至性关系都变成了笑话的时候,这倒是一个好的迹象)。那些幼小的有袋类动物从来就没有真正出生过:它们重新爬到妈妈的袋子里,在敞开的肚子里长大。这里,即使是河流也会消失在土地的深处。甚至连词语也会消失在语言中。这里有与飞机上相同的胎儿般的安宁,一种由速度承载着的安宁,它重新变成了母体般的温热。

长时间飞行后美妙的腰酸,身体陷入另一个时间半球的背疼。科幻小说的轻微头晕,难以抑制的肢体麻木,四肢的无力——由于反常的睡眠的缺少,整个现实都烙上了反常的麻木。由于与时间逆向飞行,或者比时间飞行得更快,身体受到嗜眠症的打击。由于超出了自己的空间和领土,身体就会受到患健忘症和睡梦缺失的打击。然而这可是一种诗意的状态,一种二次状态,其效果相当于毒品的效果。

考拉袋鼠袋熊蜥蜴澳洲犬——全都懒洋洋的,半醒半睡的,妈妈和幼崽都一样(就像一些毛茸茸的形状,或像一些机械玩具)。没有猛兽。一种胎儿的、袋类的、食草的、田园诗的、温顺的状态——甚至也不缺少蛇类那致命的影子,还有从原罪中幸免下来的几个土著人。乌鲁姆鲁![1]

那里没有猛兽和历史,但并不缺少神话和海风。这一切都沉浸在出生前的嗜眠状态,沉浸在亲切与忧虑中,这种亲切与忧虑也已经进入了社会生活。

这里是否就是最初的状态?假设是这样的话,

---

[1] 乌鲁姆鲁(Woolloomoolloo),英语为 Woolloomooloo,澳大利亚悉尼市东郊的一个海湾地区。这里似乎也暗示那里动物的特殊叫声。

那么除了需要蜕换的母体薄膜和懒惰外皮外,事物的皮壳蜕换从何而来？这种蜕换怎么会进入真实生活？人们会有这么一种印象,这里的许多东西还没有接受过现实的北方式洗礼。

Dreamtime①？南方的无意识？辽阔的沙漠上那思想的万能：只有土著人能够在巨大无比的距离间进行交流。在这个宇宙的寓言和这个梦幻的过去之间,是否存在一种连接？而过去的原始状态就是另一个世界的原始状态。在土著人心灵感应的生态系统和我们白人的通讯信息技术之间,是否还有一种极现代的未来和极真实的未来？我们白人的通讯信息技术本身,它是否也以自己的方式瞄准着思想的万能？

澳大利亚,它以它的距离,它的岛国特性和祖传秘诀,已经成为一艘宇宙飞船,一个大陆,它正在向另一个地理和时间轨道漂移。

---

① 英语,意为"梦想的时刻"。

绝对的反差：一边是金色海岸和珊瑚栅栏那灿烂的白昼光芒，是来自附近沙漠的清洁空气的亚热带冬季亮光；另一边则是"昏厥"，即土著人林下灌木丛的黄昏微光，一些夜间的哺乳动物，一些捕食黑夜的野兽，还有沉浸在夜间的意识和研究的黑暗中的知识分子。与外面的辐射相反，夜晚呈袋鼠口袋的玫瑰色和海底珊瑚的玫瑰色。所有的物种都在学着隐藏地下或者潜入水中，无论是处在无意识中，还是处在书籍和地球的黑暗中，一切都在缓慢地移动着，或者以夜间的敏捷行动着，以实现存活的意志。

这是地理的和精神的共处，是岛国性和神奇空间的共处，是衰退的乌托邦和扩张的幻想的共存。这是怀旧的天平，任何人都无法逃脱，人们被关闭在一种胎儿的安宁中，处于自负的现代性中。与美国的差别：美国不了解这种岛国形式的原始梦想。

最轻盈的森林是桉树林，它没有多少树荫，因为桉树叶以侧面朝向太阳。桉树脱皮就像脱一条裙子，而且从下面摸上去很柔软，像是人的皮肤。从桉树的苍白颜色看，这是一种女性化的树种，具有非常自然的优雅。它的叶子使得天空既深沉又轻盈，没有任何东西能比它们的逆光画更为漂亮。

越是消灭土著人，西方意识里的怀旧情感越是会增长，西方意识在17、18世纪就已经被土著人的出现弄得惊恐万状（这是我们历史上最令人震撼的时刻：正当西方创造出一种普遍的理性之时，人们却在地球的另一边发现了一个抗拒历史和进步的人类，一个先于亚当的神奇种群，在将他们纳入西方这个普遍理性的过程中，只能将他们毁灭掉——历史就这样落入了谋杀的陷阱）。这就像一位聪明的天才，他给文明化的骄傲保留了一种对原始性和黑人性的苛刻否定（此外，这也许就像人们所说的，是一些新石器时代的绘画，是18世纪自由思想家恶魔般的发明？）。无论怎么说，哲学和道德的意识已经对它们的出现感到恐慌，将会因土著人的灭绝而陷于瘫痪。而且这还会越来越瘫痪，直到赋予土著人一种该死的否决权为止，以否决西方自身的价值体系。

对科学来说同样如此。因为人们最终发现了什么？在探究南半球海洋或生物场的过程中，人们又让什么东西突然出现了呢？总是一个黑色的对象，总是一些不吉利的野蛮民族，他们最好还是保持原有的隐蔽状态，以保持启蒙时期的最大福祉。人们发掘到的总是最坏的东西，而这个东西最终会进行报复。

某位勋爵，他是一位航海家和传教士。在18世纪末，他乘着帆船向澳大利亚航行，船上载着两千册书籍和几百袋小麦，他希望这些书籍和小麦在那块土地上生根发芽。而这些书籍和小麦呢，它们从未想过要撕开大地的皮肤，从中得到什么好处，它们更喜欢烧毁这块土地，并且在几个世纪里走遍了这块土地，直至把它缩减为沙漠状态为止。

在所有有人居住的土地中，澳大利亚及其太平洋岛屿是离18世纪最近的土地，因为它们还带着它们被发现时的痕迹。今日的土著人已经远离了他们的起源，比当初他们被我们的目光所发现和复活时还要远。他们以他们的习俗、神秘的图画和食人肉的面孔,成为一种启蒙诗意的承载者,乃至整个大革命前那个时期的诗歌使者,这比我们的城堡或我们的绘画,甚至百科全书(况且百科全书也正因为他们的清新存在而增添了一层光环)都要好。说到底,18世纪发明中最为独到的东西,不是启蒙思想,而是南半球,那个温暖的、月亮般的、母亲般的半球。

两者的连接:北半球所产生的更直接、更严厉的东西——长老会信徒、盎格鲁撒克逊人和极北方居民的本质,那种处于傲慢和神学中的本质——和地球另一边隐藏着的更加原始、更加衰退、更加无能而且在阳光下更加放肆的东西:土著人。两者的碰撞通过几乎是完全消灭对跖点而表现出来,然而南半球或许还没有使出它的最后一招。

我们确实征服了这些土著人:我们引导他们提出领土的要求。那大片的土地,在他们悠闲自得的时代,他们在上面游牧和生活,那时他们没有任何领土的概念。我们将他们的要求确定在某件他们从来没有拥有过的物品上,而且他们有可能认为占有它是卑鄙的和亵渎圣物的行为。典型的西方人的狡诈。相反,他们也传染给我们一种更加致命的病毒,那就是寻根溯源的病毒。

我们向土著人归还了艾尔斯岩①的支配权,这是一块位于沙漠中心的火焰般的巨大岩石。可是,有那么多部落,我们将它归还给谁呢?为了证明他们最初的权利,乌姆布鲁人(Umburu)便使用舞蹈,也就是在原地跳舞一个多小时。从美学角度上讲,这是一种简陋而又辛苦的练习,但这就是证明:他们才是**乌呼鲁**②的神圣继承人。而所有人都低头表示服从。或许有一天,土著人会将悉尼歌剧院的支配权归还给白种人,条件是他们(白种人)要会跳"恰当的舞蹈"!

---

① 艾尔斯岩(Ayers Rock),这是位于澳大利亚的世界上最大的整块岩石,长4公里,高318米。它每天随着日光变换色彩,世界各地很多人慕名而至。当地土著人称之为乌鲁汝(Uluru),他们相信,这里是世界的源头和中心,因此,对于他们而言,这是一个神圣不可侵犯的圣地。
② 乌呼鲁(Uhulu),即乌鲁汝(Uluru)。

这些年迈的澳大利亚人或加利福尼亚人,他们面对海洋整日伫立,从不脱下他们的粗羊毛大衣。他们将这里变成了童年的全景之地,也是他们的棺木场所;他们一边做着梦,一边等待着最后的波涛,来自大洋深处的波涛,这个波涛将把他们吞没。

在曼谷那灰蒙蒙而又沉闷的黎明中,梦想着南极洲,梦想着突降的大雪,或那个珊瑚环绕的岛屿,晶体的思维,透明的头脑,黑暗植物中嗜眠的小径,世界的童年,人生的概括,归纳为唯一一块浮现的土地,在你的手掌心里,在一个完美的椭圆中,在细节的鲜明中,在岛国性的完美中……赫伦岛[①]。

亚洲已经严重衰落,因殖民时代而腐朽不堪,对于它自己的混乱,也只能在道德沦丧和共产主义的清教徒狂欢之间做出选择。

---

① 赫伦岛(Heron),位于澳大利亚昆士兰州东海岸,面积约 17 公顷,由珊瑚构成。

泰国的女性十分美丽,所以她们就成了西方世界的招待员,哪里都想招聘她们,需要她们。她们的优雅是那种温顺多情的女性的优雅,这些发育成熟的年轻女子,由迪奥尔(Dior)香水公司进行包装,目不转睛的目光里蕴含着令人吃惊的性诱导,还有一种潜在的对所有随心所欲行为的顺从。简而言之,这是任何一个西方男子所梦寐以求的尤物。泰国女人好像本能地体现了《一千零一夜》里的性欲功能,就像从前罗马的努比亚[①]女奴。泰国的男性,好像因此而忧心忡忡,无所依托,他们的体形并不符合世界的优美标准,而他们的女人的体形却享有盛誉,是那种时尚的种族的美丽。除了眼看着他们的女人在高档的卖淫中被提升到世界水平,他们还剩下什么呢?

尽可能走得更远,这在某种意义上讲,就是对旅行的终结。今后唯一的旅程阶段,就是不再回来。找到"解放的距离"。人们旅行得越远,就越是

[①] 努比亚(Nubie),非洲东北部的一个古代地名。

看到只有旅行（命运）才是重要的。必须勾画出地球的圆弧，需要贴近地球表面的曲线，需要达到足够的速度，以便能够逃脱地球的束缚。思想也是如此，它应该贴近事物的曲线、事物的变向和事物的可逆性，应该时刻都在想逃离它们，逃离到恒星的高度。因为在某个确定的时刻发现生活的曲线，这与在更高海拔高处预感到地球的曲线同样令人激动。

必须旅行，必须流动。应该跨越海洋，跨越城市，跨越大陆和纬线。这并非是为了靠近一个对世界的更加清晰的视觉——已经不再有普遍的东西，也没有对经验的可能综合，严格地说，甚至不会再有旅行的"美学性"和"民间性"快乐——而是为了更加靠近交换的世界性范围，为了享受普遍的存在和世界性的外倾，为了逃离亲密空间的幻想。充当逃避线路的旅行，宝瓶星座时代的轨道旅行。

哲学从来就不仅仅是对现实原则的否定。直到现在，这都是哲学家们的事情。如今，这种不真实已经进入了现实中。因此,这就是哲学的终结,而且是另一个事物的开始,在这里,现实与讽刺性折射混为一体。

电视并不经历夜晚。它是永久的白天。电视体现了我们对黑暗、对夜晚、对事物反面的恐惧。电视是不间断的光线,是不间断的照明,它终结了白天和黑夜的交替(于是法国的电视在晚上 11 点钟停播,就是这个频道的荒唐性)。

一个女人的化妆在于其孩子气及巫术味道。它借助一面镜子和一张面孔的唯一游戏,使众人处于悬念中。这是技术与计谋的和解。在思想的世界里找不到它的等同物,只有在痛苦的禁欲主义的化妆中才有这种情况。此外,这也是一个女人生活中每天(有时一天几次)的牺牲时刻。

人们只能通过美化面容或丑化面容来承受丧事。没有吸收死亡的合理形式。

飞机上的退化是如此厉害,以致人很容易死在里面。幼稚性将把你直接送到天堂。

    妥协的幅度
    话语的空洞
    概念的可憎
    不明的性具
    脱发的停滞

正如过分的痛苦会让人昏迷或进入无意识状态,正如极度的危险将我们推进一种生理的和精神的冷漠之中,以回应我们对世界的突然冷漠,在一个人为地动荡不安的世界里,这种情感的减弱(或者"心灵的运动")是否就是人类种群在等待一个更加美好的世界时的一种计谋?

"任何陶醉最终都是更喜欢放弃的道路,而不是在实现自我中以原罪来对抗自己的概念。"(阿多诺)这在社会方面不也一样么——通过集体共谋,将所有的精力用于阻止社会事务的完成,因为人们害怕会破坏概念,摧毁社会的永久希望。

城堡技术权威的法老时代。用电子控制事物的梦想遭遇到质量的传统性愚蠢。有史以来,人们从来没有像在计算机领域中如此请求、如此强迫、如此强奸集体的要求。

哲学和形而上学的要求与不再现实的现实之间的冲突。

表现体系与拟真体系之间的冲突。

差别思想与无差别思想之间的冲突。

无差别的威力是什么?无差别的分析论又是什么?

根本的无差别与根本的诱惑之间的两难命题。

后现代性就是破除从前价值体系和重建价值

体系的同时性。这是背叛中的补救方式。用时间术语来说,这是最后评价的结束,是超验运动的结束;用回溯作用的术语来说,这有利于"目的性"(téléonomique)的评价。一切永远都是起回溯作用的,包括而且尤其是信息。剩下的就留给了借助技术(性、身体、自由、知识)进行的价值观加速。

等待是一种提前的赎罪。任何乐趣都被一个等待的区域围绕着,这个区域表达了这一点,即成千上万的人在相同的时间里,等待着相同的东西。等待,就是对各自欲望的中和,这些欲望针对着一个相同的客体。甚至有可能是痛苦和死亡。如果死亡是一项公共服务,那么就可能出现许多的等待名单。急躁自我证明为一种对空虚的拒绝,对时间所带来的痛苦的拒绝,这种痛苦在任何其他世界中都无法得到证明,它来自所有欲望的混乱和人口过剩。

有些女人只想着征服一个男人。而另一些女人,显然比较少,她们只想着甩掉男人。她们提前为她们的女人性和她们所能给予的快乐付出了代价。如果说她们具有某种肉体的支配权,那么这种支配权也会为了更加微妙的利害关系而消失。思想保留着某种精神的统治,并不关心是否能改变世界,它唯一的目的就是要废除世界。同样的,某些女人因此就献身于一种精神的卖淫,而在精神卖淫中,男人已经厌倦了顺从的乐趣,他们可以玩弄毁坏自己的游戏。

五角大楼指责得州仪器公司①交付的电子设备没有可信度。得州仪器公司则反驳说,测试工作要耗费三分之一的预算,而且要测试这么一台设备,不得不耗去数年的时间,因此等测试完成之后,设备就有可能已经过时了(然而,这台设备是用于重要任务的:军事防御、核弹道数据、科学计算)。这真是神奇的事。尖端技术在这里与社会体制完全相同,即社会体制也不能应对其自身运作过程中的偶发事件。它也会将个体、法律、产品等投入流通

---

① 得州仪器公司(Texas Instruments),这是一家总部设在得克萨斯州的全球性半导体公司,也是世界一流的实时数字处理解决方案的设计商和供应商。

渠道,而没有进行足够的检测、分析和鉴定(继续教育是一个失败)。或者在对你进行了非常仔细的检测后,最后你却变得毫无用处,就像米其林轮胎在实验结束后那样。那些经常被进行民间测验的国民,最终失去了任何的意见。就像多贡人①那样,在一次次被人种学家问话之后,他们不得不编造一些梦想和礼仪,以讨好这些人。到处都是如此,仪器(医疗的、科学的、军事的或社会的)都超出了其对象的可能性,于是它被迫转身反对自我,在不断装配和无休止的调试中失去自我。倒计时消失在对点火工作的检测中。火箭发射也被无限期地搁置(在这期间,宇航员们如果没有死于检查的辐射,至少也增加了不少年纪)。唯一的益处:战争本身也被无限期地搁置:首先必须对战争进行检测,直到它的最高程度的后果。

说到底,人们对公共事务漠不关心,甚至对他们的自身利益也不关心。他们和另一个合作伙伴进行谈判,谈论这种漠不关心,而这个合作伙伴也

---

① 多贡人(Dogon),居住在西非马里中央高原的一个部族。

是一个幽灵式的伙伴,一个对自己的意志都漠不关心的伙伴:即对权力漠不关心。这个魔法游戏能够长期稳定下去。2000年将不会到来,其理由是通过谈判,到来的将是一个对时间本身漠不关心的时代,因此也是一个对千禧年的象征性期限漠不关心的时代。

在某种意义上,必须通过电报即时转账,应该从金钱到金钱(这是事物的病毒方面)。因此这是病毒的革命,与蒸汽机革命相比,它更接近于玻璃珠的游戏,而且由花花公子贝·塔皮[①]的头脑来神奇地体现。因为看到钱的神色会在脸上表现出来。不再有可恶的年迈资本家,也不再有戴着使自己遭受痛苦的面具的锻造师傅。而只有潇洒的、爱好运动的、性欲旺盛的花花公子,只有真正的工业骑士,他们戴着幸福的面具,并将幸福洒向他们的周围。

[①] 塔皮(Bernard Tapie,1943—),法国商人、演员、节目主持人及国民议员。曾担任过法国马赛奥林匹克足球俱乐部的老板,并在1993年因假球丑闻而被禁止参与足球活动达5年。

1968年以来,一切都在失望中虚张声势。1980年以来,一切都在希望中艰难地虚张声势。停止哭诉,行呀。里根①似的乐观主义,过高地估价美元。法比尤斯②的光辉。爱国的温良恭俭让。被禁止的磁阻。古老的悲观主义来源于认为事情越来越糟的想法。而崭新的悲观主义却来自一切将越来越好的事实。输液状态下的陶醉,控制下的麻醉。

在概念场里,我很想看见生意场上出现与贝·塔皮相同的人。赎回那些危急中的概念,囫囵地吞下这些概念,去除概念中的污垢(解雇那些碍事的无能之辈),以充满活力的纯洁将它们重新投入流通中,让它们在证券交易所里升值,然后又像狗一样将它们抛弃。有些人就是精于此道。

也许这么做会更好,即挽救那些已经疲劳的概念,就像对待失业大军那样,将它们维持在输液状态中,或者将它们关押在受人工呼吸控制的互动式数据库里。

---

① 里根(Ronald Wilson Reagan, 1911—2004),美国演员及政治家,第40任美国总统(1981—1989)。
② 法比尤斯(Laurent Fabius, 1946—),法国政治家。曾任法国总理(39岁)及国民议会会长,2012年5月被任命为法国外交部长。

哪里都应该这样,权力应该被人看到,从而得到权力在观看的印象。不过这是虚假的。权力什么也看不见。它就像一个困在脱衣表演中的女人。它被一面没有锡汞齐的镜子与社会分开。它慢慢地转着身,一边摆着最为淫荡的姿势,一边慢慢地脱去衣服,一点也不怀疑另一个人正在窥视她,并悄悄地在手淫。

地铁。一个男人登上地铁——通过自己的目光、手势和动作,他占据了一个空间并且保护着这个空间。从那时起,他就根据相邻和相近分子的游戏来调节自己的游戏。他变成了生理压力的中心,他微微感觉到振动,感觉到敌意的或友好的流露,做好了面对恐慌的准备。他因为害怕而自我对接。他令一种计算好的冷漠遍布全身的神经,将自己包裹在表面的幻想中,这种幻想仅仅是为了与其他人保持一定的距离。他什么都不解读,他自我保护着不受所有目光的交叉火焰的攻击,并将自己的目光放在非交叉的反面位置,用这样的目光盯住车厢的后部,直到这种目光的轻盈使他人在自己的睡眠中移动为止。当车身加速或制动时,所有的身体都被甩向同一个方向,就像同时改变游动方向的鱼群一样。地铁的海底式的神奇嗜眠症,毛细管系统的自我防卫,模糊思想的残酷游戏——等待着菲岱布-查里涅①地铁站的到来。

核心的一点不是对未来抱有俯视的视野,而是知道将未来的原初场景②放在哪里。对我们来说,危险来自碰上大革命之墙。因为我们的不幸就是源于此:我们的恐惧症、禁忌、幻觉以及空想深深地嵌入到 19 世纪里,其基础在那时已经奠定。必须打破历史的凝固。在这之外,一切都是允许的。废除革命的墙,深入到革命之外,陷入到形式和精神的威信之中,这或许就是本世纪末的冒险。

我们的领导人的微笑并不是真的微笑。它给

---

① 菲岱布-查里涅(Faidherbe-Chaligny),巴黎 8 号地铁线上的一个站名。位于第十一区和第十二区的交界处。
② 原初场景(scène primitive),精神分析学上指双亲在子女面前想象的或真实的性生活。

我们引来一个多雨的秋天。请看里根的微笑,它给美国引来了上帝的赐福。这才是一个好领袖,是人们在原始社会中赞赏的人。密特朗的微笑肌肉紧张,它只能给我们带来雨水。5月10日的夜晚就因为那场神奇的暴雨而令人记忆犹新。我们一直等待着社会主义的小阳春。

既非乐观主义,也非悲观主义:这是一些道德的品质,它们和理论上的伤风败俗毫无关系。

对整整几代人来说,某种悲观主义与历次革命的历史性失败有一定联系。某一次失败是很悲怆的。而另一次失败则没有这么伤感,但更加残酷,这种失败来自对事物理想状态的见证,来自对我们自由的完美性和准确性的证明,也来自对最简单的解决办法的绝对可支配性。因此,在爱尔兰,解决饥饿问题的办法就是清除低龄儿童,因为无法做得更好,没有比这个更加文雅的办法。这是一句妙语。妙语本身也会让人对语言产生失望,但从这种失望中,通过在两个截然相反的极点之间画上一条线,每次都会得到一个绝妙的办法。魔鬼般的简化,一切都在省略中。对现实来说,没有比将它理想化成它的原样更为残酷的诡计了。现实永远也不会从中平静下来(然而它却很能容忍被揭露)。请您当场将权力神圣化,权力将对您刮目相看。请看在红场上列队游行的那些人,他们举着标语:"我们在苏联很幸福! 苏联是幸福之地!"

如果你用五个人来拉一根绳子,那么其力量就是把每个人的力量乘以五。对于死亡,这正好相反。如果你杀死一千个人,那么每个人死亡的重要性与仅仅一个人被杀死相比,那只有它的千分之一(贡布洛维奇[①]——似是而非的逻辑,因为这里指的是数量,而那里涉及的却是质量(一个是用乘法,另一个是用除法,说到底并没有反常现象)。不过仍然是绝妙的命题!

[①] 贡布洛维奇(Witold Gombrowicz,1904—1969),波兰小说家、剧作家和散文家。他的创作自始自终带有强烈的叛逆色彩,作品有《跨大西洋》(*Trans-Atlantyk*)、《色情》(*Pornografia*)、《太空》(*Kosmos*)等。

美国具有很神奇的吸收暴力的能力。意大利则拥有同等的吸收嘲讽的能力。这种品质源于它们的历史。黑手党:对官方权力的血腥的讽刺,而清除它也像仪式般的表演:大众的歌剧。这种被唾弃的政权会不会崩溃?丝毫不会。它在吊线的顶端继续摇摆着,从左派摆向右派,活像一根老化的橡皮筋。它通过它所获得的同情而得以存活下去。没有人(红色旅①除外)想将它置于死地。多么闪光的智慧啊!因为我们社会的真相,就是它已经不能够清除邪恶,那就应该吸收邪恶。人们不再能够控制狂热,那就应该消化狂热。应该让消化酶发挥作用,而不要诱导剂的作用。解散,解散,威慑。在意大利,政权本身就在丑闻、伤风败俗和历史的折中中解体,不过还是按照某种礼貌方式进行着,随时奉献着它的衰落和重新活跃的景观。如此先进的社会实属罕见。

我们的社会在变化。现在不再有警察社会的气氛压在我们头顶,警察的幽灵不再出没于大街上

---

① 红色旅(B. R.,Brigade Rouge),意大利的一个暴力革命组织,成立于1970年,专门通过绑架、暗杀等手段来反抗社会。

和我们的脑子里。而是喜悦和成就的气氛在消耗着我们的空气。欣快舒适、低价倾销以及全面加速完全地吸收了周围的所有氧气,你就像一条鱼那样被扔在沙滩上。现在缺乏的并不是阳光和金钱,而是空气。人们不再受到压迫,而是透不过气来。这种吸气的效果,这种吮吸的现象,它是否来自世纪末的靠近?我们心神不安只是为了逃脱它吗?实际上,我们已经开始模拟我们认为应该是的21世纪,以便省去一个致命的过渡期。在探索前景的过程中,人们通过相互获得快感,以驱除前景的缺失。人们全力加速,以便能以饱满的精神跨过千禧年的海角,进入一种完美的叠化(fondu-enchané),并不十分关注这个魔法般的日期。数字和天体不再决定人的命运。即将到来的年代已经被牺牲了。这些年代已经不再作数。它们已经坠入了21世纪前十年宇宙飞船的影锥中,它们将消失在速度的昏暗中。我们将很难在那里听到草木的生长声,风的呼呼声以及命运的完成。因为一切都已经掉进了人类集体自我强加的这种奥运会成绩式的痕迹里。

1984年10月

因为差别是美好的,但无差别是崇高的。

被人否定的疯狂的期待：如果现实存在的话，它不可能不应对这个挑战，如此直到系统地破坏其形象后为止，就像上帝对待那些破坏圣像的人那样。不幸的是，这些破坏圣像的人输了，因为上帝从来没有应对过他们的挑衅。神灵并没有疯狂：神灵站在崇拜圣像的人那边，这些人确切地说并不崇拜神灵，而只是崇拜神灵的模拟像。经过破坏圣像的人的不懈努力，我们也许应该服从这个理性，再也不要追问这么一个事实，正像上帝以前所表现的那样，它宁愿消失在形象那完美的不在现场的后面。

在某个地方，有一种蠕虫与一种共生的海藻混为一体,这种藻类帮助蠕虫完成消化程序。一切都进展得很顺利,直到蠕虫将海藻消化掉了,并因此而死去。因为没有海藻,蠕虫无法消化它吃的食物。

最美丽的妙语就在大自然中。

根据季诺维也夫①的观点,第三次世界大战的结果将是在全球把共产主义作为存活的组织方式。在这个前景下,共产主义国家将显示为第三次世界大战的改造者,将成为灾难后的模式,将带着灭绝的幽灵般特征。从政治角度看也确实如此:这些国家已经着手毁灭它们自己的社会,毁灭它们的人民,并且在"跨政治"的基础上重新建立它们的组织。我们则采用了其他的各种道路,距离这种状态也为期不远了。因此这就意味着第三次世界大战已经发生,希望它到来也好,害怕它到来也好,都无济于事,因为这场战争此时此地已经在我们周围进行着。季诺维也夫对共产主义的观点,与所有西方

---

① 季诺维也夫(Grigori Zinoviev,1883—1936),俄国政治家。曾经担任联共(布)中央委员、第三国际执委会首任主席。1934年被开除出党,并被指控为刺杀基洛夫(Kirov)的同谋,以反对苏维埃制度的罪名被判处死刑。

政治"帝国主义"的分析相比，在这方面要领先得多。他的共产主义丝毫没有意识形态或历史的痕迹，而已经是核聚变后的一种输液，它统管着人类的存活，而不再是生活。它与客体相关，并且具有客体性的威力（具有讽刺味道的是，季诺维也夫的思想也是这样）。

我们完全同意萨列里①的看法。萨列里起来反对上帝，认为上帝给人类奉献莫扎特的神圣音乐，其唯一目的是为了奚落我们，并让我们陷入无望的境地。萨列里，他却变成了人类反对神灵不公的旗手。对卡拉马佐夫兄弟②的大审讯官来说也是相同的问题。他对返回地球的基督说："我们为了人类的最大幸福在管理着人类，人类已经为其平庸付出了代价。不要用一些不合情理的承诺来扰乱这个脆弱的平衡。"于是他再次给基督判了死刑。

萨列里并不是心灵肮脏的人：必须要有自豪感，这倒不是为了嫉妒莫扎特，而是为了挑战上帝。

---

① 萨列里（Antonio Salieri，1750—1825），意大利作曲家。
② 苏联作家陀思妥耶夫斯基（1821—1881）的经典名著《卡拉马佐夫兄弟》中的人物。

可以这么询问:严格地说,我为什么不能是莫扎特?因为上帝嘲笑我们,他将莫扎特以普通人的身份放到我们中间,甚至连神灵恩典的特别迹象都一点没有表现出来。上帝在愚弄我们,而这是我们无法忍受的。必须摧毁莫扎特。所有藐视上帝的行为都具有崇高的灵魂,并且远远高于对其作品的心满意足的和无条件的赞赏。

与尚热①的**神经细胞人**相比,我们面临的不是同样的问题。神经细胞人出现于天际,如同尼采的**最后的人**那样,大脑皮层及其连接平庸无奇。永别了莫扎特,永别了萨列里,不再有恩赐,同样也不会再有挑战,这是现代科学的解决办法,它能解决人际差别中无法解决的失望。

符号,符号,这就是你所有要说的东西?人们在行动,人们在做梦,他们在说话或者一言不发,这中间没有任何东西是不真实的。闭上嘴,好好看着。请看看本世纪近年来哲学的崇高,看看决定命运的日期之前的天体的衰落,还有相爱的夫妻之间

---

① 尚热(Jean-Pierre Changeux,1936—),法国著名的科学家。《神经细胞人》(*L'Homme Neuronal*)是他的一部作品。

的互动前景——这一切都是不容置疑的,而且我会激动得热泪盈眶……时间,未来的时间就像被人们抛弃的、切断了能源的大都市。你们会去说这些吗——你们会在黄昏时分继续大声说话吗?每个世纪结束时都是一个对现实原则提出质疑的时机,可是这种质疑在今天已经结束,既不也不(n-i ni)的结束。今天每个人都在工作。

叙述和道德的激情,哲学的动物性精神,它完全阻塞了电子的动物性精神,虽然比前者强烈千倍,但也更加无意义。录像短片、广告电影、片头字幕、信息概要、体育快讯、达拉斯,这就是电视,它就像任何可以随意转换的东西那样,只需在瞬息即逝的胶片上花一点点力气就行。然而正如纯粹的绘画,或者纯粹的速度,纯粹的电视也是很难忍受的。

最美的女人应该是这样一个女人,我可以在汽车玻璃的水汽上为她画出一个分形法图形。我可以在她的目光里看到一个正在发光的分形法的爱情,在她的嘴唇上显露出一个分形法的接吻,而我们可以出发走向空无一人的阿尔卑斯山脉,走向散发着浓厚数学香味的月球般景色。

里约热内卢。

黑人和印第安人,他们不仅仅是白人技术的奴隶,而且他们还是怀念起源的奴隶。他们还必须充当祖先,还要证明人类种群的神秘的和礼仪的起源。不同的分工:一些人在体力上剥削他们,而另一些人则在文化上剥削他们,他们靠这些人的音乐、靠他们的舞蹈以及对他们的人类学描述而生存。在这里没有任何的矛盾,正好相反:一种深层的同谋关系,一种奴隶间的同谋关系。于是在打猎中,整个动物都有用途:肉、角、毛、血、皮——甚至连脏腑都用来解读未来,而面具则充当神灵的象征物。

关于巴西,肯定还有更加令人快乐的看法,尤其是这个看法:尽管有客观的不幸,但还是有一份幸福,有一点肉欲快乐,有一种生命的倦怠,还有所有这些事物的母亲式的诱惑。这种幸福恰好来自主人和奴隶的交媾的情形,直至诱拐女性和生命的精力,直至所有人都能吸收奴役的礼仪符号。这里进行着文化秩序对政治秩序的报复,这是西方社会不再经历的东西,也许是因为缺乏灵巧的奴隶。在这里,时间是统一的,时间段有利于生活,时间统一在那单调而又倦怠的进程中,还有混乱的身体,主人的身体,奴隶的身体,主人折磨奴仆,或者奴仆吞噬主人。然而这一切也许仅仅是因为天气炎热的缘故。

高温就像一种客观的睡眠。人们没有睡觉的需要,因为高温像梦一样,已经包裹在你的周围,就像无意识的面纱形式那样。在这里,任何东西都不会被压抑,一切都进入了分子那反常的兴奋中。在热带地区就是这样:甚至暴力本身也显得有气无力,而下意识则呈现出舞蹈的形态。因此这就是在这种纬度地区进行精神分析的荒谬性。这恰恰是与欧洲的特权相连而又从殖民遗产出发的滑稽模仿剧。而实际上对我们来说,即使在欧洲,无意识又处于什么状况呢?

在过多地装饰着贴金物、螺旋饰物、陶醉的形象以及大理石的火焰图形的巴洛克教堂里,令人惊讶的是那些艺术家随意混淆天堂和地狱,混淆狂喜的火焰和没落的火焰。所以我们今天才觉得它这么漂亮。这种粗俗的混淆愉悦着我们折中的精神,更确切地说是放荡的观念。我们的精神已经不再相信天堂,也不再相信地狱,然而巴洛克艺术家那时却十分相信天堂和地狱。根据大众欢迎的邪说,他们也许更多地相信地狱。

有一个国度,那里的影子并不旋转,那里的影子只会增大或缩小,因为太阳在赤道的上空是垂直地升起来的。

在伊帕尼玛①那豪华的清新中,每幢大楼都有其秘密警察。

---

① 伊帕尼玛(Ipanema),巴西里约热内卢南郊的一个富人区。

巴西在人类种群层面上行使着一种巨大的叶绿素功能。全球的蓄能器,聚集了所有的快乐、狂热、忧虑、身体的动物性、诱惑、生命的旺盛精力和政治的嘲讽。如果有一天,全人类都陷入萧条之中,那它将在这里得到新生。正像有一天,人类已经接近窒息,那么只有在亚马逊河流域才能重新苏醒。

There is no aphrodisiac like innocence.[①]

离你而去的事物的速度,那些突然以疯狂的速度离你而去的事物,它们天生就有一种排斥力,如同肥皂从你手里滑落,掉在浴缸里那样。

尼采与上帝的死亡进行斗争,而我们只有和政治及历史的消亡进行较量。这种消亡可能会以一

---

① 英语,意为:"没有任何春药堪比纯真。"

种感人的形式出现(68年5月①),不过这也许是最后一次。68年5月开创了一个并非事件性的漫长程序。所以,那些没有经历这个事件的人,永远不会理解今天以平淡的形式所发生的事情,就像那些没有经历过上帝死亡的人那样,根本无法理解价值的恢复。

    人们在巴士底狱的地方建造了一座歌剧院。人民不需要再去攻占它了,人民可以去那里享用皇家音乐。况且他们去得也不多——那些有文化教养的人会去,他们会旗帜鲜明地检验那条规定,即要求特权者通过艺术或快乐,心甘情愿地献出那些其他人曾经战斗过的地方。右翼政党反对这个计划,那可是大错特错了:因为再也没有比这更美好的大革命的丰碑。

    在纽约大道上,在衣着观赏之夜。人们游荡

---

① 指1968年5月法国巴黎大学的大学生、巴黎的工人们举行的罢课及罢工运动。虽然运动的结果是以右翼政党的胜利而告终,但运动对法国社会的深层问题有很大的触动,促使法国在政治、文化等领域进行改革,标志着一个新时代的开始。

着,却相互都不看见,这就像一个没有画作的艺术展开幕式。这有可能是杀童天使①,或是"纯粹的节日",如同维利里奥所说的"纯粹的战争"——都是荧屏上的。唯一的热点是香槟酒可以抵达的垂直活动窗口。这是好奇的部落,焦躁不安而又狂妄自大,放纵无度又是怕冷之辈,是红外线的形而上学。目光中什么都没有,一切都在衣着秀上,眼睛里什么也没有,一切都在分贝里。

十二月份纳沃纳广场②的温暖,伴随着乙炔灯的亮光和青绿色的水反射在贝尔尼尼的群马雕像上的倒影。纯粹的古罗马之美。鲜花广场③,有人将一束鲜花放在吉奥达诺·布鲁诺④的塑像脚下。四百年前,就在这里,布鲁诺因为异端而被烧死。罗马人民令人感动的忠诚,这种忠诚在哪里还能看

---

① 根据《圣经》记载,以色列人逃出埃及时,有一个天使将埃及的小孩全部杀掉。
② 纳沃纳广场(Piazza Navona),罗马著名的广场之一,广场上中间有著名的四河喷泉。
③ 鲜花广场(Campo dei Fiori),罗马纳沃纳广场附近的另一个广场。
④ 布鲁诺(Giordano Bruno,1548—1600),意大利哲学家,被罗马宗教裁判所判处火刑。

得到呢？十二月份民众的热情散发在每条大街上：圣诞节期间的温和气候几乎和巴西差不多。一个城市只有在大量的人群涌入的时候才显得美丽。大街上人数之多，给人的印象是一场无声的起义。每个人都在声响与胡同的明亮的弱音器里行走。一切都变成一幕无声的歌剧，一种戏剧的几何，在城市的这个部分，一切都在歌唱。

罗马式的晚会。在这样的晚会上，女人总是比男人漂亮。第一个印象是男人都很丑（这是一些制片人和导演），而女人都很美（她们是演员）。第二个印象是男人虽然长得丑，但是他们都有个性，而每个女人虽然都有某种色情味，但却没有任何非凡之处——纯粹大男子主义的社会，是景观的社会。男性的舞台广阔无边，在罗马的夜晚中，从一座宫殿到另一座宫殿。我认识的最漂亮的女演员嫁给了一位富裕的导演，一个写了 97 个电影剧本的作者。这就是娱乐业群体的法则。像往常一样，我感觉自己与这里的男人格格不入，他们与这些女士团结一致。男人们表面上假装鄙视女士，而目的却是为了讨好她们，而说到底，他们也不是真的对这些女人动了情。在这么美丽、这么单纯的身体里生活,那该是一件多么甜蜜的事啊,而且任凭男人用他们的丑陋、财富和自负来统治,那也应该是很惬意的事。做一个女人应该是十分美妙的。归根到底,这才是最具诱惑的东西:女人是难以想象的。女人越是美丽,那就越是难以想象。

在喷泉青绿色的水的附近,那个卖首饰的女人雪青色的眼睛。傍晚时分特雷·斯卡里尼饭店的冰激凌。孩子们拿着银白色的气球。母亲们穿着袒胸露背的衣服,负担着她们家庭的沉重的愿望。兄弟姊妹在爱情的面具下相互拥抱。乱伦的城市,坐落在大教堂和方尖碑之中。建筑的样式本身也蕴涵着乱伦情调,那些圆柱环抱在一起,呈螺旋状朝着天国和人间乐园的性高潮扶摇直上。

某位 A 女士,她就是美貌的牺牲品。她最终被缩减到迟钝的状态,以便让这种特有的美丽光芒四射。她看上去神情忧伤,但实际上并非如此,她任由他人欣赏而不作反应。她的笑容本身就清楚地表明：我什么都不是，我只是漂亮而已。在这样的条件下，她能成为演员吗？

确实，男人喜欢这种由歇斯底里、被动性和受虐色情狂装饰的混合物，如今有这么多女性将她们的聪慧变成了性虐待狂的装饰。毕竟，我觉得这位A女士在陶醉性服从中有些过分夸张：她过分地服从了仅仅欣赏自己的规则。那么在这样的条件下，她如何能成为心理学家呢？

和意大利女人在一起什么也不会发生，因为一切都事先在乱伦的爱抚之中表演过了，虚假的活泼排除了温情。诱惑的游戏，宫廷的规矩，任性的放荡及隐蔽的残忍。她们接近你，就像在舞台上一样，但是她们不知道需要减退。正是她们将男人推到了大男子主义的位置上，是她们造就了世上的马斯楚安尼①。女权主义在这上面没有什么事可做，即使女人们想有所作为也不行。激起男人激情的是嫉妒，它比爱情要厉害得多，女人们激起的嫉妒，

---

① 马斯楚安尼(Marcello Mastroianni, 1924—1996)，意大利杰出演员，20世纪六七十年代与费里尼等著名导演多次合作而扬名世界影坛。

也是她们持续体会到的嫉妒,并且以过激的和顽强的方式培养着这种嫉妒。她们以寡妇、女儿、姊妹、母亲、整个部落自居——从来不是一个女人。尤其是寡妇:至于男人,她们喜欢死去的男人,亡故的男人,令人窒息、惊恐万状、被她们的女人性窒息了的男人。被她们的女人性戏剧窒息了的男人。

直至早上五点,她们的整个精力还在消耗,消耗在将性欲高潮推向话语的过程中。

对于女人,既没有失望,也没有例外:所有的女人都是非同一般的人,只要你要求她们成为女人,也就是说和其他所有的女人进行竞争。对爱情的误解:一个女人的魅力,就是所有其他女人的嫉妒的不在场——一个女人的特别性,就是所有女性的神秘的奇异性。

一个像意大利那样的社会,其混乱本身使得国家行为变得既无用又可笑,但是这样的社会却不乏其魅力,而且还能有助于我们抓住这个政治的真相:今天国家的主要任务就是证明自身存在的合理性。为此,它就得摧毁社会自身存活的能力。在慢慢地破坏所有自发形成的规范的过程中,国家使规章条例变得温和,使国家非社会化,并且破坏抗原和抗体的传统机制,代之以人为的机制——这正是国家在与社会作巧妙的斗争中所采取的策略——完全像医学一样,它生存的基础就是破坏人体的自然防卫机能,并且替换成人工的防卫机能。

在罗马,尼科里尼[①]通过重新启动文化,成功地消除了恐怖主义的萦绕。对于那些晚上不敢出门的罗马人,他组织了联欢会、文艺表演和诗歌会,使文化走上街头。他通过文化与广告的庆典与恐怖主义的庆典进行斗争。有人指责他花了许多冤枉钱。不过,与恐怖主义作斗争的唯一方法不是创建"牢固"的机构,而应该是将一种文化搬上舞台,一种有所牺牲的、偏离中心的、没有未来的文化,它是和恐怖行为本身一样的活动。用一种节日对付另一种节日。如果恐怖主义是一种致人死命的广告,它将我们的想象保持在惶惶不可终日中,那么也只

---

① 尼科里尼(Francesco Niccolini, 1965—),意大利艺术家。1984年,他推出戏剧性的大众娱乐活动,很受欢迎。

有通过更大规模的广告活动才能将其消除。

  从前,右派一直很悲观,而左派长期以来很乐观。如今,右派是"太阳的"自由主义,而在左派一边,却是**忧郁的热带**①。

  如果说意大利恐怖主义的目的是使国家动荡,那这种企图就很荒唐:这个国家已经基本上没有政府,那么还想让它更加瘫痪简直是一个玩笑。或者说对它还要有所作为,那就是一种倒错的微弱意图——借此使秩序和国家有可能重新更加稳定,或至少将它引向永久性的脆弱。这也许就是恐怖分子的梦想。他们渴望有一个永远的敌人。因为如果敌人不存在了,那么摧毁它就会更加困难。这种不断的重复并不会有什么创新。然而恐怖主义就是要不断重复。其最终的教训属于三段论的范畴:如果国家真的存在,它就会赋予恐怖主义一种政治

---

  ① "忧郁的热带"(Les Tristes Tropiques),借用列维-斯特劳斯1955年发表的《忧郁的热带》的书名。作品讲述了亚马逊森林中原始部落的情况,反映了回归原始状态的人类本质。

含义。因为这个政治含义明显不存在,这也就是国家不存在的证明。

人们是否可以设想一些幻想破灭了的社会活动呢?但是其影响力仍很强大而又无法抑制呢?一个根本上就是悲观的政治策略会是什么呢?它没有幻想,具有讽刺意味却充满活力,它有可能将公共事务的宿命状态转变成公开的挑战,而不是竭尽全力去掩盖它,况且也掩盖不成。这种策略只会使我们在政治上变得更为愚蠢。

我们注定会面临一种软弱无力而又令人厌烦的惨败,简单原因就是不能够冷峻地考虑事情,总是会带着某种感情色彩,因此也只能考虑出一种带有情感的政策。首先还是要消除心理上的贫困,如今这种贫困已经成为危机文化的一个组成部分,而在这一点上,所有人都心照不宣,把悲观主义当作非道德思想来谴责。然而,这种非道德性却是我们的最后机会。但是为什么这种状况应该最终得到解决呢?

也许还是让政坛结束腐败为好?我们现在已经不是原始社会了,在那样的社会里,人们会在了解前因后果的情况下加速尸体的腐烂,以便让尸体很快能到达死者的尊严。我们则相反,我们正在品尝腐烂的滋味,欣赏神经紧张、失宠和精力的丧礼。

我们政治形势的卑贱是今天唯一真正的挑战。只有对这种形势的失望的观察才能有助于摆脱这种状况。应该利用天灾的能量,就像利用潮汐、太阳或地震的能量那样。当矿产资源和稳定能源消耗殆尽之时,就必须求助于断裂的能量、地震以及分形法。或许有一天,我们会从夜晚本身中获得某种能量?对于我们的精神能量也是如此:当积极的能源耗尽的时候,就应该等待一个事件的结局,从事件的魔鬼般的形式中、从事件的最大失衡中、从事件的仓促之中等待它的出路。命定的策略,也是现行的策略。能量本身是否就是一种灾难的形式?

打字机导轨的自动返回,轿车四扇门的电子自动关闭,这才是一些重要的东西。其余的只是理论和文学①。

---

① 在法语中,文学(littérature)一词也有"空话"的意思。

空间就是让一切不位于同一个地方的东西。语言就是让一切不意味同一样东西的东西。

那只离开我的手梦想着抓住一个乳房。没有任何东西比一个乳房填满一只手更为舒服。性虐待狂的柔情的老套。

我这本日记如同其名称所指示的那样,随着时间的流逝一天天展开。然而它也被某些在它之前发生的事情萦绕着,这就是日常记载的秘密事件。

如果岁末的节日表现出越来越符合传统习俗的嘈杂——因为在电子时代我们已经没有了冬至的借口,也没有超级明星耶稣[①]时代的圣诞节的借口,甚至没有了在其亲密中隔离冰和雪的借口,没有了麻痹我们血管中血液的冰和雪的借口——如

---

① 超级明星耶稣(Jésus Superstar),亦指《超级明星基督耶稣》(*Jesus Christ Superstar*),著名音乐剧作曲家安德鲁·韦伯创作的一部摇滚歌剧,1971年首演于百老汇。

果岁末的狂欢使人们如此焦虑,那是因为他们要掂量未来十二个月时间的长度,而且还必须一个月一个月地提炼。今天持续的时间,就像一个儿童:承担他的时间太长,他成长的时间也太长,人们希望从现在起就能享用他,人们希望有一种加速的对未来世纪的投射。想想人们对 2000 年,对即将要经历的千禧年的热切期盼,况且我们已经对 2020 年充满了强烈的好奇,至于 86 年等待着我们的是什么,我们已经完全看穿了? 千禧年的庆祝活动必须组织得非常精彩,以驱除下个世纪的烦恼。

如果我们至少知道,烦恼更多的时间只持续一百年或两百年,这就让事情变得有点意思了。没有什么东西比天灾更好地为千禧年剪彩了,这将使时间得到新生,就像一场暴雨使废水新生那样。然而,这正是我们将要缺乏的时间,即缺乏真正的时间。如果 2000 年不会到来,那很简单,这是因为时间已经消失,如同某些纬度的冬天那样。

不过这只是一个梦想。我担心我们不会有这么多的顾虑,不会考虑到这个程度,我也担心 1000 年时的失望——那也不是世界的末日——会在

2000年重演。

必须同时是完全生命攸关的和完全非真实的。

任何的加速都会产生相等的甚至更为高等的质量。任何的流动都会产生相等或更高级的静止。任何的差别化都会产生相等或是更大的无差别。任何的速度都会产生相等或更强的惯性。不需要制动。不需要制动机器。再说,这种机器从来就没有存在过。只存在过加速的机器。或减速的机器,这是一回事。但是没有放慢的机器,因为没有一台机器能够制造放慢的机器。只有语言、音乐和身体能够做到这一点。

从记忆痕迹的物质内接的神经元角度来看,怎样且在哪里解释从梦想里剩下的惨白的记忆? 以什么盘绕方式或是在何种细胞和突触(synapse)的游戏中,采用什么光线和智力能量的交错来解释之？这种完全情感的心理反射，我们记忆里已经所剩无几了。怎么解释在我们大脑中有一阵阵的但又非常精确的音乐的回声，而我们既无法找到该音乐的任何音符，也找不到一句歌词呢？怎么解释一个嗓音的音色，而又没有嗓音？人们感觉到的一张脸、一个目光的痕迹所承载的微波又是怎样的呢？甚至都用不着闭上眼睛，纯粹精神上的形象，没有面孔的形象——什么样的反应，什么样的分子生物化学的精神发泄能够告诉我们这种纯粹诗歌性的分裂？

冬季是一个感人的事件。人们希望温度降到零下20度，甚至30度，希望活活地抓住世界并且将其低温保存。我们不再梦想地狱的火焰，那火焰太天真。我们不再梦想通过烈火而净化，而是通过寒冷而陶冶（悖论的想法）。在我们这个风俗已经热带化的时代，我们梦想着结晶和冷冻的形式。就像在《五重奏》①中那样，这是在蒙特利尔世博会遗址上拍摄的一部神奇电影，电影里的人类生灵就像钟

---

① 《五重奏》(*Quintet*)，美国导演罗伯特·奥特曼1979年的一部科幻电影作品，由保罗·纽曼主演。

乳石一样,在冻结的透明中下象棋。

柏林动物园。在大雪中遭流放的动物的美丽。动物们在假山周围行走着,就像在丛林里,其行走速度也是梦中的慢速,行走的速度就是屈服的速度。澳大利亚的土著人也有同样的慢速,是那种来自梦想时刻的梦想式静止。人类种群的疯狂感染不到他们。

大雪激发出动物性的自然的黑暗。白色则适合那些猛兽。动物的形态是如此的奇特(一头大象,谁能想象得出来),以至于人们难免会想起:在这个面具下,如同卡内蒂所言,某个人想用让我们吃惊的方式而娱乐,他自我化装是为了对我们掩盖真相。动物的情况就是这样:它们比我们更接近面具和变形。它们更加自然,并且化装得更为完美。人类的可能性要少得多,无论是在受奴役方面,还是在计谋方面。人类永远没有雪地里猛兽的美丽,也没有灰色大象那轻轻的忧郁,也没有绿蚂蚁的敏锐。

史泰根贝格酒店502号房。五点起飞。两次抬升。结束之后她警告我,这很不寻常。香槟。洁白的床单。奇妙的印象:她躺在酒店的床上(在这个城市中,这里就是她的住处),而我正在飞翔。那儿,原本该是我睡觉的地方,将会成为她的入眠之处(而曾经待过的那个地方,就是我将要去的地方)。她或许还在那里等待。她那双乌黑的大眼睛,在黑暗与爱欲的包围中渐呈蓝色,而且变得狭长,像中国人的眼睛那样。在她的大腿上没有闪耀着姓名的首写字母——难道她没有屈服于我吗?抑或是她没有感到刺激而兴奋起来?不,她有的,她的双唇湿润欲滴。怪异,幻觉,无实体性,我的这些特质让她感到兴奋。凝脂般的肌肤,毕露无遗的肉感,她的这些也令我兴奋不已。我就仿佛是那个躺在玛丽莲·梦露臂弯里的阿瑟·米勒。甜美的舞者,妩媚的演员,可爱的白色母狗。其实是她诱惑了我。就在那一刻,当她在顶楼上从我身后将双臂温柔地缠住我的肩膀时,我便明白,过了三年,她就在那儿。熟悉到无需言语。一切如此之快,就像在一张宝丽来即显照片上一样,最好不要去问什么。她的肌肤如同柔软的胶片,而我撕碎她的面颊,就如同撕碎一张轻薄的时间网。①

对于某些女人,我们不会像我们所希望的那样去喜欢她们,或像她们所希望的那样去喜欢她们。我们宁愿强奸她们,然后将她们遗忘。

思想引发的惊喜如同爱情引发的惊喜一样:它会自行耗尽。但是在这方面,人们也可以长期地继续履行夫妻之间的性义务。

---

① 这一段原文为德语:Steigenberger Hof 502. Abflug fünf. Zweimal hoch. Seltsam genug warnt sie mich nach dem Abschluß. Sekt. Wunderweiße Laken. Wundersamer Eindruck: sie bleibt im Hotelbett liegen (wo sie doch in der Stadt wohnt), ich fliege. Da, wo ich schlafen sollte, wird sie schlafen (da, wo es war, soll ich werden). Sie wartet dort vielleicht noch. Sie hat dunkle, große Augen, die aber im Dunkeln und in der Liebe blau werden und sich chinesisch verschmälern. Keine Initiale leuchten an ihrem Schenkel—sollte sie mir nicht unterworfen sein? Oder wurde sie nicht erregt? Sie war es, ihre Lippen wurden üppig feucht. Was sie an mir erregt: Befremdung, Simulacrum, Immaterialität. Was mich an ihr erregt: milchige Haut, anschauliche Karnalität. Ich kam mir vor wie Arthur Miller in den Armen Marylin Monroes. Süße Tänzerin, süße Performanzerin, süße weiße Hündin. Im Grunde hat sie mich verführt. Als sie im Loft ihr Arm zärtlich von hinten mir um die Schulter legte, wußte ich von vornherein, nach drei Jahren, daß sie da war. Wortlose Vertrautheit. Es lief alles schnell, wie in einem Polaroïd, besser nicht fragen. Ihre Haut war wie zarte Filmhaut, und ich zerriß ihre Wangen wie ein zartes Stundennetz.

罗马柏林悉尼纽约里约热内卢。我的秘书工作范围在扩大,我的事业的彩虹也是如此。有可能同时在世界各个城市降临的夜晚尚未来临。有可能同时照耀世界各个城市的太阳还没有升起。

每个女人就像一个时区,她是你旅行的夜间碎片,她不厌其烦地让你接近下一个夜晚。

有些女人巧妙地将自己化装成刚果的独木舟或阿留申群岛的珍珠,她们为什么就不能自我装扮成时区呢?或者成为旅行中的陶醉呢?在有快乐的地方,就会有一位化装的女人,她们的特征已经丧失,或在事物的陶醉中变了形。无论何处,正在死去的总是一个女人。

有这样一个非常奇怪的故事,两辆汽车深更半夜在高速公路上猛烈相撞。两辆车的驾驶员当场死亡——原来他们是丈夫和妻子。在这个奇特的巧合中,真有点阿尔封斯·阿莱①的故事的味道

---

① 阿尔封斯·阿莱(Alphonse Allais,1854—1905),法国幽默作家。作品有《生活万岁》、《二加二等于五》、《典型的巴黎悲剧》等。

(《典型的巴黎悲剧》):他们急忙冲过去,想互相扯下各自的面具,然而既不是这个人,也不是那个人。在这起社会新闻中,令人吃惊的是丈夫和妻子之间奇怪事故的高度不可能性,同时也是这一种相遇的高度可能性(丈夫和妻子是注定要急忙相互遇见的)。这就像一段已经经历过的插曲,对想象来说是十分清楚的事。这就像"零"这个数字,在幸运轮上连续出现三十次。在这么一种精彩的连贯性面前,让我们感到十分震惊的是看到世界的秩序以极其严格的方式发作起来,而不是那种软绵绵的概率。公路上的任何事故都来自一系列模糊的巧合,它们恰恰就是一些意外事故。这次事故是一件凶杀案,但又不完全是一件情杀案。人们永远无法知道个中原委,这位妻子是否得知她的丈夫在附近城市里有一种负罪的私情关系;或是为了找到她的丈夫,在感情的驱使下,不小心上错了高速公路的连接道;或者知道他自己会开车回来,在迷路后开着自己的车猛烈地撞向她丈夫的车,可是她又怎么知道那就是丈夫的车呢(然而在凌晨两点,在这空无一人的公路上,倒是存在一种概率,这就是知道他出发的时间)? 或者还有可能是她故意自杀,随便选择了一辆迎面而来的车辆。

禁止你拔掉接口插头,在就业的和互动的社会生活中都一样,而且还禁止你脱离你要死亡的那张床:禁止拔掉输液管,即使你想这么做也不行。这种凶杀罪并不在对你自己生命的谋杀中——谁操这份心——而是在对医学和高科技的谋杀中,医学和高科技首先要保证它们自己的拯救。网络原理包含着一种绝对的道德性义务,那就是要保持着连接状态。

恐怖属于真理概念的一部分,就像流质是果酱概念的一部分一样。如果果酱不这样流淌,表现出它的自然本性,那我们就有可能不喜欢这种果酱。如果真理不粘手,如果鲜血不会在将来某一天因真理而流淌,那我们就有可能不喜欢真理。

检验事物的无用的客观性,直到眩晕:科学
检验欲望的无用的主观性,直到眩晕:性解放
一件没有什么可欣赏的物品

一个没有什么可欲望的身体

在对自己生活的漠不关心中有一种特别的优雅,承认这种对生活的漠然则令人感动,只要有人稍微温柔地告诉你,我不能够爱你,而不是跟你说,我爱你,带着这句陈述所特有的虚假性。某些女人的爱是与对自身的烦恼成正比的,对于这种女人,尤其不要让她们摆脱烦恼。然而在真正的冷漠和虚假的冷漠之间还是有很大的区别:唯有真正的冷漠令我们感动。不过这种冷漠实在太少,几乎和美丽或疯狂一样稀少。

拒绝荣誉是没有任何意义的——这么做实际上是给意义太多的荣誉。唯一的策略就是要让这种荣誉永远不落在你的身上。

你对自己美丽的那种美妙的(且狡黠的)肯定只能制服你自己。如果想被别人制服,那又怎么能责怪这种肯定呢?

当一个人有好几个(生活的)女人时,要想遇到一个生命中的女人是很困难的事。甚至面对一种双重生活就已经……

人民身边的荣誉,这就是应该向往的东西。那位在电视上见过你的熟肉店老板娘,她那热切的目光是任何东西都永远无法比拟的。

双脚卡在冰块里,就像玫瑰色的火烈鸟,它们认为自己还是世界的中心。

人道主义假装着把野蛮人和原始种族看作完完全全的生灵,甚至把他们看作高等的人(出于真实性)。然而最初的人道主义者,真正的人道主义者,即我们所有人的前辈,他们当时认为卡纳克族人①像猕猴,这样就将他们人道主义的定义建立在严格歧视的基础之上。这并不是一个种族主义问题,而是一个识别问题。而这些猕猴给他们作了很好的回应,将他们自己指定为唯一的"人类"。现在的版本试图在生物和情感的基础上,重建一种人类种群的友好共生,这个版本肯定是最为贫乏的版本。

我们总是以某种方式,借助某种特征,与我们的不幸保持着距离。只有歇斯底里能够构造一个完全的不幸,但是这种不幸一旦被人声称为不幸,它就已经不再是原来的样子。基于同样的道理,绝对的幸福是不可能的,而那些谈论幸福的人会被看作伪君子。在新德里那个寒酸的房间里,S先生哭得满脸热泪(无疑主要是因为他个人受到了冒犯,而不是因为丢失了一件物品),但他仍然还有力气给他的电话机拍照。

---

① 卡纳克人(Canaques),居住在南太平洋新喀里多尼亚的土著居民,美拉尼西人的一支。

由于性行为的主要美德是将身体置于这种特殊状态,即裸体的状态,所以当这种裸体状态从今以后变成显而易见的事情后,那性行为就是多余的了。因此,爱情只有在身体处于羞怯状态时才显得美丽,只有当性器官在玩弄羞涩的游戏时才有乐趣。因此只有第一次才能真正地美丽。

一个负面的评判会比赞扬的话更加令你满意,只要它能激起嫉妒心就行。

他们早就买了一份丰厚的保险,所以在他们乡下的房子被烧后,他们就能够重新建造一栋更加古老的房屋。

无意识如今已经是件非常严肃的事,甚至有点伤感,因为人们往里面压抑了许多严肃的事情,诸如性欲、死亡、力比多、欲望等。但是如果受压抑的是嘲讽和放肆,那么新的无意识会以什么样的形式出现?无意识将变得具有讽刺味,我们将会有冲动，有讥讽和洒脱的幻觉，而这些将会在梦中和口误中出现，在神经官能症和疯狂中显露。从某种角度来说，现在不是已经这样了吗？

人们发明电视，也许就是想通过一种有趣的拐弯抹角的形式，给无声的图像提供力量。

人们必须要好好服从，服从得比自己还要笨。这就是政治天地的伟大法则。这一点在苏联得到了很好的印证（季诺维也夫给我们讲述了苏联领导人那种法老式的愚蠢行为，只有苏联人本身的那种法老式奴役才可以与之比拟），在我们这里也得到很好的印证。为什么偏偏喜欢马歇①、勒庞②、希拉克和其他的傀儡，而不喜欢那些更为敏锐的人呢？为什么这么长时间以来，他们没有消失在他们愚蠢的行为中呢？那是因为在智慧的统治和优先权面

---

① 马歇（Georges Marchais，1920—1997），法国政治家，1972 年至 1994 年任法国共产党总书记。著有《共产党人与农民》、《民主的挑战》、《对当前的希望》等。

② 勒庞（Jean-Marie Le Pen，1928—　），法国政治家，法国极右政党国民阵线的前领导人。

前,这些重要人物是医治所有人焦虑的最有把握的药方。他们让我们对自身的愚蠢感到放心,这是他们的关键作用,就像当年萨满教巫师的作用那样。怎样驱除愚蠢呢? 只有采用更高级的愚蠢办法。

我发现,在没有动过的玻璃窗上,即十年来从来没有清洗的痕迹,上面的污垢和灰尘还没有超过一毫米的厚度。实际上并不比在岩壁上,在相同的时期内,风吹雨打剥蚀掉的更多。风化和沉积一样,都具有梦幻般的缓慢速度。

他不喜欢自己的鼻子:他就去整形外科做了修复。他不喜欢自己的心灵,他就去进行精神分析治疗。可是,最糟糕的是他的星座。他多么想自己是天蝎座、处女座或是巨蟹座。除了他自己的那个外,随便哪一个星座都行,因为和他所喜欢的星座在一起,他总是处于消极结合的状态。

星座啊! 哦,贪婪的星座! 我能如何处置我的星座呢?

幸好有一家"世界撤销星座诊所",在那里,人们可以给你重新安排一个出生的天空和时间,不要问我怎么做。人家会给你安排一个新的星座,这就是命运诊所。

星座啊！哦,命中注定的星座！是你在变化,而我什么都不是。

但是有了全新的命运,还是应该特别小心。对新的星座来说,嫁接部位是很脆弱的。应该十分注意上升星座,不要过于频繁地更换。尤其是绝对不要在这个星座期间裸体行走。

星座啊！哦,贪婪的星座！你吞噬着食肉的社会。

有人说愚蠢就是一种冒犯,但这更像是对冒犯的解释。我很理解人们跟我解释的那些东西,但是在我的内心世界里,我却是那些永远都不明事理的人的同谋。有一个粗鲁的人蛰伏在我的内心里,他嘲笑这种悟性,发疯地取笑这种智慧。与那些能理解的人,我签订一份智慧契约,而与其他人,在同一个时间里,我又秘密地封存了一份愚蠢的协议。知识分子,或自称是知识分子的人(没有其他的人),就是那个破坏愚蠢协议的人,而且还认为自己已经从中解脱。到达这一点,他甚至触到了愚蠢的深处。

由于不断地谈论某些事情,这些事情最后会在你的生活中物质化:拟真、诱惑、可逆性、冷漠。生活逐渐成为上述这些事物的组装物,处于一个由女人、概念、梦想和旅行构成的浮动循环之中。

于是,写作最终会先于生活,并且决定生活。生活最终会适应于一个首先就很潇洒的符号。这无疑是那么多人害怕写作的原因。

有人宣布在草履虫身上发现了遗传密码的异常。这对于那些掌握密码的人来说是件残酷的事情。但是如果这种密码不再具有普遍性,那么今天不也就没有谋求普遍性的时尚了吗?依照科学观点的一种调整现象,遗传密码的想法也在经历着痛苦的修正。只有不谋求普遍性的时尚密码才能取得胜利。

令人更加眩晕的假设:脱氧核糖核酸(DNA)曾经是一个普遍物和不变量,但是它一旦被揭开面纱,我们可以这么说,它就会开始改变,以便转移研究的方向,它就会失去普遍性而扰乱遗传基因图。无论出于恼怒或是出于狡黠,抑或仅仅是为了适应环境,就像细菌对抗生素产生的耐药性。不应该低估这种与科学捉迷藏的"客观"进程的能力。如果不考虑这种极自然的狡猾天才,我们对这个科学将一无所知,对它的失败也无法理解。如果说所有的人类种群和动物种群一旦受到观察,它们就会改变行为,那么为什么在分子种类方面不是这样呢?

科学将以它的方式实现其理性的乌托邦,即将世界改变成主体。世界已经变成了主体,但是并不像人们本来所希望的那样:科学在探索世界的同时,也唤起了世界的一种恶意的主观性。科学让世界从睡眠中醒来,如同埃及学将法老们从千年沉睡中唤醒一样。从此,法老们就不断地进行报复。没有任何迹象表明不是我们激起了难以预测的进程(其中有些新疾病的形式未曾见过),同时迫使客体依照未知病毒的策略,向四面八方逃离并且变形——因为我们将客体从它的阴影策略和睡眠策略中拉了出来。

这大概就是目前的哲学：一个警察在警察局殴打了一个外国移民——社会新闻。然而那个警察当时有心理问题——而这就是一个社会现象。那么社会怎么能向一些人类个体，即过于人类的个体，而且人们最近还发现了其心理——警察——的个体授权行使这种合法的暴力行为呢？而这是个真正的问题（对于记者而言）。那个移民被打了，也被遗忘了，因为他不属于社会。社会问题始于社会心理，而社会心理，它始终是警察的心理。

在"绿色和平"事件中也有相同的转变：一批法国警察居然炸沉了一艘令人头痛的船只，让它小事化了吧。可是后来却发现，同是这个秘密机构的一些成员出卖了这次行动，并将消息透露给了媒体，这才是真正的问题，这样就必须有所行动。

要是能从侧面观看太阳，那会是多么美妙的事啊！

一股十米高的海底波涛向我们汹涌袭来,另一股波涛迎它而上,两股波涛汇合在一起,并将我们卷走。然而我们却安然无恙,活着出现在一座山丘的荆棘丛中。我很熟悉这种夜间的波涛,无论它是以这样或那样的形式出现。波涛会定期地来淹没我,但是我已经有好一段时间没看见它了(况且时间在睡梦之间是不起作用的,它总是像我在前一天见过的那样)。任何波涛,任何海浪都没有这堵即将淹没我的黑色的和液体的海洋城墙那般美丽。它的浪尖常常发着亮光,而它本身却毫无意义。人们可以任意向我讲述它所意味的任何东西,只有它的出现才是令人惊叹的绝妙之事。

模拟的酶。它们创造了生物学的虚假事件。它们模拟了一个病毒,一次病毒攻击,于是启动了抗体的反应,不过抗体却没有目标,因为没有病毒要杀死,于是它们又回过来对抗其来源本身。让我们来庆祝这种生物学中的模拟入侵,并且等待它的下文。

您是否注意到冬天里苍蝇和黄蜂死得越来越少了吗?外面下着雪,但是苍蝇还是出于习惯飞来,贴在窗玻璃上取暖,因为它只知道夏天。即使是秋天出生的最幼小的苍蝇,仍然会飞来扒在窗玻璃上。同样,在现代化的套房里,它们会固执地在天花板下面,围着一盏假想的电灯长时间地转圈飞行。于是它们忘记了死亡,这是令人担忧的事情,因为假如苍蝇丧失了冬天的感觉,会发生什么事情呢?寒冷的缺失十年来已经用一种白血病威胁着柏树的生存。柏树那黑色火焰渐渐消失在季节的不分明中。幸好今年在酷热的夏天之后,有了一个严寒的冬季,将柏树从病害中拯救了出来。

身体接连不停地成为心理问题的外协加工点。我背疼,我牙痛,我患了溃疡,我得了癌症……我在身体里加工着什么?身体不再证明其他任何情况,只是记录着心理的突变。它仅仅是病理学上的一盏转向灯。只有身体所患的疾病才有意义。它是低级劳动的执行者。

性事这个词本身便是一种外科手术（F. 乔治）。它通过其可操作的指示对身体进行阉割。交际这个词本身也是这样，不一而足。这是一种独身的机械装置，它绝对能够进行单性繁殖（事物的最后状态）。

在经历了一个月球禁欲的时代之后，我们又进入了一个太阳的神秘化时代。

任何伟大的思想都属于口误的范畴。当本雅明说这句可怕的话时，即说"法西斯主义由两部分组成：法西斯主义本身和反法西斯主义"时，这难道不是一种滑坡的思想吗？它让自己滑向了真理的另一边，进入了话语根本的模糊性。这种模糊性比任何政治的或意识形态的解释还要高级，只有这种模糊性才能解释为什么对法西斯主义从来就没有过说得过去的解释，而反法西斯主义则不言自明。

不管人们做出怎样的假设，法西斯主义产生的问题都比反法西斯主义要多。这下它就更加有意思了，此外它还包含了对方。这就是本雅明的话所说的意思。但愿人们不要让这句话说出它本身并没有的意思。不过还是会有人让它说的。

我甚至不需要有个窗口来跟踪旅行。我可以随时给自己描述旅行的情况,在记忆中体验这个旅行,体验旅行中的一切,大峡谷、城市以及河流里云彩的倒影。记忆插上了翅膀,速度变成了内部速度。真是遗憾。

这种关系也许会更好,这是一种纯粹的性交关系和想象关系,伴随着对性的贪婪和脚踝上的脚链。这种关系在所有地方都能持续,在崎岖之地,在切尔西,在汽车旅馆里,在沙地上,在床单里,总是立即做爱,在事后的几分钟内,从来都不满足,不过同样很温柔,很顺从,而且是位金发女,眼睛像奴隶一样仰望着,一只手伸向性器,虽然是自由的,却也是被动的,是女性的,但也富有肌肉感,面带着笑容,充满着赞赏,一种动物的血性,但却有金属般的眼睛——这种关系最终会导致口交,这是很自然的事,会在汽车旅馆的阳台上,在晨雾中进行感人的口交。还有一个假设的孩子,他显然不是我的,我也永远见不到他。我甚至连她的名字都忘记了,不过,我无法忘记她的私处那干草的气息,忘不了关于是盐是雪的那二十美金的打赌,同样忘不了突然的鼻血和月经,这让我很吃惊。那天清晨,我看着她来到我家,一副加利福尼亚女人奇光异彩的神情。

温切斯特①的故事。著名的温切斯特的女儿,是每天可以得到15 000美元遗产的继承人,她听人预言说她在她的房子建成后就会死亡——正是对她的报复,作为对在一个世纪里那著名的卡宾枪在西方世界所造成的成千上万人死亡的报复。于是,她就像珀涅罗珀②那样开始建造一栋没完没了的房子,不断地增加房间、楼梯以及附属建筑。她最后于1930年去世,留下了那栋150个房间的巨大房子,以证明19世纪的大屠杀。

---

① 温切斯特(Winchester),英国城市,因制造枪械而闻名。
② 珀涅罗珀(Pénélope),希腊神话中尤利西斯(Ulysses)的妻子。她以智慧和对丈夫的忠诚而闻名。

这又是一个学识渊博之人,具有欧洲文化背景,他是西方一所著名大学的文学系主任。与几乎所有的同事一样,他辛酸地说,现在的文化已经不是从前的文化,而且他对大众文化毫不留情。他来自纽约,不过却很鄙视加利福尼亚,看不起他的同事和败坏的风气。他每年挣60 000到80 000美元,可是学生很少,朋友也不多。他的思想丰富,人很真诚,高傲,不过有些笨拙。他的秘密,那就是他的蟒蛇。我看见他把戴着手套的手伸进鱼缸里,并且轻轻抚摸着蛇头,而蟒蛇吐着舌信,伸展着身体,好像还很饿,尽管它刚刚才吞食了一只老鼠。我们在这里谈论的是蛇的饮食学。一只乌龟靠在壁炉的一角打盹,那里燃着一堆人工的火。这是圣莫尼卡①的星期天。四点钟左右,太阳赶走了太平洋的晨雾。可是蛇并不了解白天或者黑夜,它是永生的,有毒的,正如诗人所言,它在天宫的山丘上做着梦。而它的主人没有做梦,他那爬虫类的大脑已经与蛇的大脑同化,他长时间地盯着蛇,而在平常他是不能这样正面盯着人看的。倒错的一对,知识分

---

① 圣莫尼卡(Santa Monica),美国加州洛杉矶市的一个卫星城,著名的海滨度假胜地。

子的梦游症与蛇类的内心夜晚混为一体。

圣莫尼卡的梅洛兹大街——在咖啡馆露台上的对话。

她说:"你嫉妒吗?你嫉妒了吗?你真的是很嫉妒了!……听我说……你二十岁,而我四十二岁了,我还要他妈的给每个人干这种事……你知道吗?"①

他站起身来,莫名其妙地穿过梅洛兹大街,又返回来,跪倒在她的面前(更像是年轻人方式,但也像是演戏)。

他说道:"你爱我吗?你爱我吗?"②

她回答道:"是的……是的,我爱你……"③

那个意大利人撮着肉丸。一个印第安人在玩着电子游戏,尖声刺耳的音响声渗透在整个谈话中。那个女的自己说话的声音又高又尖,甚至有些歇斯底里。十一月份的天气在洛杉矶很温和,在梅

---

① 原文为英文:"SHE:You are jealous? Are you jealous? You are fucking jealous!... Let me say... You're twenty and I am forty two, and I'ill give my fucking ass to fucking anybody... Do you know that?"

② 原文为英文:"HE:Do you love me? Do you love me?"

③ 原文为英文:"SHE:Yes... Yes,I love you..."

洛兹大街的咖啡馆露台上,时间接近午夜。所有人都在某个地方微笑着,没有任何激情,美国式的情景。

服务生取了汽车钥匙并引导着那个女人,而她却在炫耀着穿着黑色服饰的大腿,假装像个疯子一样。

一个黑人站起来,走过我的身边,笑着对我说:"爱过头了!"①

溜进一辆黑色保时捷轿车,沿着海滨的公路向前驶去,就像慢慢进入你的身体一样。

人们如何能够在摆脱了他人的在场后又为他人的不在场而遗憾呢?然而正像语言所说的:对某人的在场感到遗憾,这既是为他在场感到遗憾,又是为他不再在场而遗憾。对他的缺席感到遗憾,就是为他不在这里而遗憾,就是为他不在场的时候而感到遗憾。分离的忧伤会加剧这种情感的混乱。

---

① 原文为英文:"Too love!"

确实,从后果上来看,在场没有缺席那样巧妙棘手。确实,能够在某人在场时梦想到他是很稀少的事。触摸他,梦想有人触摸他。对他说话,梦想有人对他说话。看着她,梦想有人看着她。然而,必须让他人的在场变成一个梦,否则这个在场会变得无法忍受。纯粹的在场是无法忍受的。

博尔赫斯[①]——他那阿兹特克女人的盲目的脸,是那种隐语的老骗子面孔,在他张开的眼睛中,闪过一阵阵镁光灯,却不能使他的面部有所感动。盲人们似乎总是昂着头,露在水的外面。但是他们在非真实和诡计方面具有天赋。我确信他们仅仅通过听觉和嗅觉,就能知道有多少人在听他讲话,相差不会超过十个人。会议是没有任何意义的,但它是一种牺牲的典礼。听众们完全被这个充满智慧的家伙征服了,他的伎俩就像是在谈论九泉之下的事情,或就像他自己已经死去。他的嗓音有些窒息,令人发晕,勉强能听得见,这就迫使其他人保持

---

① 博尔赫斯(Jorge Luis Borges,1899—1986),阿根廷著名的作家、诗人。作品有《布宜诺斯艾利斯的激情》、《面前的月亮》、《阴影颂》、《死亡与罗盘》等。

沉默，就像他被迫待在黑夜里一样。他用的所有比喻都和黑夜有关，包括第一千零一夜，最美的一夜，因为这一夜被列入永恒中。他无疑已经八十四又一岁了，也就是说有一只脚已经跨进了永恒。在他周围弥漫着一股讥讽和残酷的虚伪气息，我想不出他像哪种动物。老虎对他来说太珍贵。把老虎放进你的书房，并让它失明：就成了博尔赫斯。在加利福尼亚学者们柔软的大脑增生层里，他的沉默挖掘了一些致命的螺旋体。正因为他不能再看到世界，所以他引述世界的事物。他的发言只不过是一段引文。他说过，"生活本身就是一个引言"。

姑娘们把脚浸在冰冷的水里，发出海鸥般的叫声。此外，她们立即变成了海鸥，而这些海鸥又变成了晦涩的欲望对象，像布努埃尔①的电影结尾中的鸵鸟那样，摇摇摆摆，蹒跚向前。夏天已经到了。

我很担心她会失望，而我也许永远都不会原谅

---

① 布努埃尔（Luis Bunuel，1900—1983），西班牙导演。主要电影作品有《一条安达鲁狗》、《白日美人》及《资产阶级的审慎魅力》等。

她。我不会原谅任何人对美国做出那种高傲或蔑视的判断。

他们处在世界的中心,而他们对此却并不知道。他们所偏爱的东西,就是处于书籍和地球的中心。

只有红杉才能达到世界初期那英雄般的、传奇的和大洪水前的高度,它们与史前的高大动物同属一个时代。它们鳞片状的树皮还很像动物的甲壳。它们是唯一与沙漠里地质和矿物的进化情况相符的树种。在它们之后,获得胜利的还是那些小个子的物种。

即使在一张偌大的床上,她也只是睡在床沿边,而她纤细的身段却不留下丝毫痕迹。我无法驯服这个脆弱而又生疏的身体。

我只有隔很长一段时间才能有短暂地拥抱她一下的权利,然而她连大腿都不松开。她不吻我,也不抚摸我。不过,她仍然具有某种温柔的、动物性的、顽皮的性情。

她常常说话很快,好像要在害怕之前就把话讲完。她不知道怎样表现恋爱,实际上她还没有恋爱。她很喜欢诱惑他人,在社交场合中,她常常快乐地笑着,对她来说我并不存在。她玩着强调距离的游戏。我不知道怎样强暴她,我也没有勇气这么做。这种状况无法解决!

我时常感觉到她不再在我的身边,甚至辗转反侧间,我完全感觉到她不再在人世,她确实已经消失。这有点像在魔术师的寓言中的情况,在掌声的警告下,当魔术师转过身来,他突然发现原来在他身边的女搭档已经昏迷过去。当我触摸她的时候,那是为了知道她还存在着。然后将会是一个目光,然后是无穷无尽的耐心,一个身体,甚至可能会有某种快乐。但是,这种不太可能的偶然不会将我们拉近,而只会立即在我们中间挖出一道深渊。

一旦有他人在场,她就会跟我拧着来,说什么都和我唱反调,甚至不愿意和我有任何瓜葛。她不想表现出依恋我的样子,其实她并不依恋我。她对任何东西都不依恋,甚至她的身体,然而她的身段却是那么柔软,那么诱人。她在生理上具有很强的收缩性,这只能帮助她更好地进行挑逗。有时她说话会结巴,这证明了一种惶恐的攻击性和一种面向自身的急速退缩。

她具有让人包围和爱抚的一切条件,但是她不愿意这么做。她没能够给她所要的男人生一个孩子。可是她却魔术般地将他与另一女人生的孩子弄死。说到底这是一位处女,但是一个女人的贞操仍然是一个值得崇拜的资本。

她做任何事都是轻轻的,举止优雅。我喜欢这种否定式雅致,但是每次性事的进行都是一次失望的行为,只要和她在一起(这是就一般的性行为而言,不过我以前并不相信)。

她做任何事都是以保护自己身体的方式来进行。甚至连她说话的方式也是。句子加快是为了逃避你,说话中定时的又轻又尖的笑声,那是让自己不受到伤害,仙女的笑声,凄惨而清脆,是那种人工的和痛苦的强颜欢笑。

她自认为是玛丽·斯图亚特[①],或者玛丽·雪

---

① 玛丽·斯图亚特(Marie Stuart,1542—1587),曾是苏格兰和法国的王后。

莱①,她无疑已经是了。她无疑已经梦想着被砍了头,身上穿着低胸的红色裙子。要么是这样,要么什么都不是。大多数时间是什么都不是。她只接受能够引诱她的东西,她拒绝会令她快乐的东西。她既不想被人占有,也不想被人拍照,这是一些冒失的行为,她需要激情和细腻,也许还有别的她永远都不说的东西。

我给她拍的为数不多的照片,一个阳光明媚的晴天,在沙滩上,可是胶卷在冲洗后却空白一片,没有可接受的解释。她不愿意被人拍照,她也没有被拍过。这是她巫术的一个方面。她的艺术,就是消失的艺术。或许她存在的时间太短,甚至都不能让胶卷感光。

她的脸转向另一边,不在枕头上,就像有人让她快乐,而她却不情愿。猫步的舞蹈,错乱的脚步,以便相互逃避,尤其在晚上,身体的动作最终会互相呼应。挪动一只脚,会给另一个人带来呼吸变化,一种负电荷连接了甚至处于睡眠中的身体。这就像皮影戏里的决斗的中国版本,即身体严格注意

---

① 玛丽·雪莱(Marie Shelley, 1797—1851),英国女作家,原名玛丽·戈德温(Mary Godwin),著名诗人雪莱的第二任妻子。作品有《弗兰肯斯坦:或当代的普罗米修斯》等。

不要相互接触,同时变换位置尽可能彼此靠近,以便仍然能勾画出一个爱情的空间,不过谁都不敢跨越它。因为我发誓,在没有情感征兆的情况下,在没有任何示弱标记的情况下,我不再进行任何的举动,我们现在是真正地分离了,我也不再碰她。奇特的情形:第一个打破沉默的人就会失败,第一个打破僵局的人就会丢面子。这种情形属于不可能的强奸和沉默的挑战的范畴。在没有暴力的场面中(总不至于跑上一万公里来相互大吵大闹吧),我们正在一根一根地解开所有连接我们的细丝,不让任何一根断掉。最艰难的事是将这种棘手的礼仪进行到底,而且要在悄无声息中结束。因为我们没有说任何话(我们在保持谨慎中都是行家里手)。就像是所有这一切都不曾存在过。没有任何东西,绝对没有任何东西将我们分开。在这种冷漠的表面后,也许我还是一个温柔的魔鬼,而她又是一个淫荡的魔鬼。抑或完全相反。谁知道呢?这种情形或许会在另一个世界里结束,或在前世的生活里结束,以一种纵酒狂欢的方式,或以美妙的情感混乱而终结。但就目前而言,我们更像是特里斯丹和绮瑟,在我们之间,上帝放置了一把当作纯洁符号的宝剑。

因为十小时前她就出发了,所以她已经到了夜晚的那一边。我刚进入黑夜,她就已经从冰岛那边走出黑夜。于是就在这一刻,一个夜晚的地理空间便将我们分隔开来。许多其他的夜晚也曾经将我们分开,不过它们却毫无地理的特性。这个由时区造成的最后一个夜晚的分离,幸好具有一定的诗意,它补偿了所有其他的分离。那个夜晚,最后的夜晚,我们终于成功地分开了。

巴黎多个部落的幽灵般运动。请看这群人,他们急急忙忙钻进春天的夜晚(又冷又下雨),涌向维莱特(La Villette)的城市沙漠,出席双年展的开幕典礼,在闭幕式后又像潮水一样大批地退回来,再次涌向在大皇宫举办的图书展开幕式。两千多人(始终是同样的人)的人流大潮穿越巴黎,在与集市的混杂和书籍的空虚交流感情后,便到了第三次集体迁徙的时候:大约在半夜时分,他们又在蒙帕纳斯街区重新相聚,在标示着部落符号的几家饭店里参加酒会。也许还有某个部长走在前面,后面总是跟着一大批记者。根据邀请的序号,你可以每天晚上事先给这群文化的野生动物(fauna culturalis)标记好迁徙的轨迹,就像从前人们可以放心地跟上群众游行队伍的足迹一样。

计算机在许多地方将代替思想的操作,让大脑处于荒废之中,就像 19 世纪机械技术代替体力劳动那样。人们越来越像行尸走肉。可以说他们好像已经被除去了大脑,只能依靠脊髓才能运行。

行政人员如同爱好慢跑的人。如果你让一个慢跑的人停下来,他会继续在原地踏步。如果你将一个行政人员从事务中拖拉出来,他会继续踏步、跺脚、谈论事务。他永远不会停止四处奔波、做出决定和执行决定。

无论什么东西都注定要消失,这种情况在我们心中产生了难以忍受的感觉。如果将要消失的是死亡,那这种感觉将更加强烈……

分手的想象的结束。孩子不可能离开家庭。对于夫妻来说也是如此：夫妻不再相互分开——为什么要彼此分开呢？别的地方也是一样。人们就彼此的冷漠进行谈判。对政治形势来说也是这样。无论政权好坏，人们都不愿意更换它，因为任何轮换的幻想都已经死亡。政治关系就这样扎了根，与夫妻间的配偶神经官能症一样，或与新生代的神经官能症一样。所要付出的代价是强度较弱的代价，是要求较低的代价，是智能经过调节的代价，而这种智能让人们永远也不能跨越分手的门槛。

我作了那么多旅行，难道仅仅是为了不用简单地更换套房吗？由于缺乏"纵向式"的分手，我发现了一种横向的和解手段，即从一个领域到另一个领域，而不用跨越一个极其简单的形势。所有的形势都会随着精神分析学模式而演变：永无休止。可调节的装置，最低限度的更换，轨迹的微小修正，这就是今天的生活，就像生物学和遗传学，最终会将生活转变成软的心理学和横向的实用主义。纵向维度的结束，违抗和禁止的结束，革命的结束，狂欢的结束。

对于所有强劲的解决办法都漠不关心。

和法比尤斯共进午餐。盲目地召集一批知识分子和女电影演员,向他们讨教关于国家治理艺术的些许光芒,这也太天真了!民众想要什么?为什么他们对什么都不热情?为什么给他们所做的事,民意调查中却是否定的结果?这个人进入马提尼翁总理府,肯定使用了什么诡计,他肯定是经过精心策划,采用诡计、恶意、欺诈和傲慢的方式进入任何一个成功的政治轨道。但愿这个人在民众冷漠的反常机制方面装出一副老实相,痛惜大众的麻木不仁、群众的不守信用、想象力与参与的缺乏、集体性神话的空缺等(然而正是借助这种冷漠的优雅,他和其他人如今才能登上权力的宝座),同时还悲叹社会空间的空虚,而从表面上看却丝毫没有意识到权力本身的空虚(这就是为什么他能够完美胜任的道理),这一点很令人吃惊。人们不禁要问,在这种角色和这种背景下,他怎么能存活超过两天。人民厌倦了?那就让他们吃惊,否则他们会用损害你的方式去消遣。如果在政治舞台上找不到惊奇,人民就会到景观(媒体的景观,恐怖主义的景观)中寻找惊奇。惊奇还是个人和大众的巨大的激情。你所做的任何事情都不能让他们惊奇。告诉他们真相会让他们大吃一惊吗？不值一提。真相具有很大的危险性，因为第一个说出真相的人也是第一个相信真相的人。然而，只要一个政治人物相信自己所说的话，那别人就再也不会相信了：这个正是政治领域中特有的邪门。真实不起任何作用，还是需要真相的鲜明。说谎不起任何作用，还需要谎言的鲜明。这将是社会主义者最终都会缺乏的东西。他们也许说了很多谎话，也有可能说了很多真话，可是他们中永远也没有人知道作出一个鲜明的行动。确实，真相本身也可能是一次政治"政变"的机会，这正是法比尤斯当时的雄心。不过，永远也不要相信真理的真相，否则你们会失去所有的效果。应该将真相当作挑战来游戏，要说得比该说的重要百倍才能使真相更加真实。必须让真相令人吃惊，否则它就属于愚蠢的范畴。这就是绿色和平号事件的整个政治痛苦。如果一个总理不知道这一点，那他就是耽于幻想。这也正是法比尤斯给人留下的印象：他对自己的雄心非常肯定，但对于习俗的不道德性却一无所知。那时站在我面前的是真真切切的神圣的左翼。

理论并不建立在已经获得的事实之上,而是建立在即将到来的事件之上。理论的价值不在它所阐明的事件里,而是在它所预示的事件的冲击波中。理论对意识并不起作用,而是直接影响事物的进程,理论从事物中获取能量。因此,必须将理论与哲学的集体行使和按照思想史而写的所有的东西区别开来。

卢西塔尼亚①的盛情②。里斯本的美丽。卡巴尼卡,强奸的悬崖。恰尔尼卡,燃放烟花和民众马戏。特茹河沿岸的公共大楼。琳达·洛莉塔③。舒伯特在克卢什音乐宫。强买强卖的市场。沙滩上的饭馆。服务生上千次来问一切可好,葡萄酒是否凉爽,鱼是否烤熟了,大家是否满意。在第一千零一次的时候,M先生坦率地大声说,眼睛看着眼睛:

---

① 卢西塔尼亚(Lusitanie),罗马帝国的一个行省,范围大约为今日的葡萄牙及西班牙西部的一部分。后面的卡巴尼卡(Capanica)、恰尔尼卡(Charnica)、特茹河(Tage,葡萄牙语为Tejo)、克卢什音乐宫等都是葡萄牙首都里斯本的地名。
② "盛情",原文为意大利语"gentilezza"。
③ 琳达·洛莉塔(Linda Lolita),葡萄牙的走红女歌星。

你听好,一切都很完美,这就叫幸福!服务生呆楞了一会,因没有得到期待的反应,最终悻悻然离开了。

敦刻尔克。民众的激动,香槟酒炸开,老船工们流着热泪观看造船厂的最后一艘轮船下水。工作结束时集体的赞歌。因为这艘巨大的船,谁都不想要它。这是一个纯粹的行为。它甚至都没有名称,人们没有敢给这艘船命名,正如马克思可能会说的,它是**地球**和**劳动**的不育性相结合的结果,我真想看看马克思在这个由生产力创造的令人震惊的产品面前的面部表情。人们给了它一个简称331。它只是给生产的疯狂和生产的虚无提供了一个借口,这些就足以让几代人失望。这个庞然大物,人类巨大而无用的能力的见证,应该从现在起就将它放进博物馆,放进霓虹灯照耀下的藏宝库,包括所有的劳动者。从今以后,劳动者已经不是资本的奴隶,而仅仅是劳动传说的奴隶,他们将活着进入工厂的传说。

人类已经失去了猴子的基本能力,即自己给自己的背搔痒。由此产生了一种独特的独立性,还有相互合作的自由,而这种合作并不是出于相互搔痒的必要性,而是出于其他原因。

像踩在雪地上那样踩踏树叶,在已故城堡的疯狂光线下,从前这个城堡的王子起来造反,对抗国王,因此城墙就被毁得七零八落。

意大利里米尼市(Rimini)的犯罪杂志(Magazini Criminali)的"成就":他们将一匹马的现场宰杀和剥皮拆骨变成了祭献仪式,面对着上百号人。这产生了很大的惶恐不安。这是肯定的。可是令人反感的并不是死亡情景本身,而是从严格意义上讲,这没有任何集体的意义,无论是对做这件事情的人还是对围观者来说都一样。在观众心目中,任何祭献的价值很久之前就已经消失,取而代之的是解释暴力和鲜血的社交符号学。

平衡总是处在危机之中,不过倒没有什么严重后果。指针只是围绕着一个假设的中心在摆动,在统计学的中间值两边摆动。这种摇摆也不再会引起反向倒转,因为已经不再有体系的重力中心。1929 年的危机今天也不会重演。它已经被一种永久的拟真危机所取代。同样,一个社会的英雄价值或内在价值将有可能全面崩溃,而同样的价值经过革新、模拟、面部拉皮(你们看看里根),却再也不会面临灾难。价值的分量再也不会导致它们的消失。它们像货币那样浮动,并随着蛇身的扭摆而波动。

我们在生活中就是这样行事的:每边一个浮标,我们摇摇晃晃地向前走着,围绕着一根假想的平衡线,远离着致命的偏差。

激动地回忆 60 年代的庞贝城,还有类似于 19 世纪头十年的那个庞贝城,还有歌德和 18 世纪的游客所见到的庞贝城,还有接近于考古挖掘和乡村淳朴的庞贝城,如同一幅版画。然后在精神上一直追溯到它的起源,一起追溯到灾难的时刻,绝对的梦想。这是难以医治的怀念的微笑,永久的遗憾的微笑(即使是遗迹,也是过去的比现在的更美),然而还要保持这种遗憾的清新。

我们在社会新闻中常常读到世界的秩序或世界的混乱。特伦托(Trente)的灾难、印航波音飞机、贝鲁特机场、海瑟尔(Heysel)体育场的悲剧,与"政治"事件相反,唯有这些事件能引人注目,因为这些事件秘密地相互呼应,可以说以诗歌的形式封闭了世界的整个信息。那么如何称呼这些事件呢?悲剧、集体心理悲剧、意外事故、恐怖活动、阴谋,还是自然灾难?它们同时具有这些事件的特征,并且以它们的不确定性引人入胜。它们就像失踪飞机的黑匣子。一般情况下,黑匣子并不能提供多少信息,而且常常还找不到。然而,黑匣子却是作为整体缩影的全息照片。黑匣子之间会相互对话,该由我们去跟这种对话的波长对接。

在 M 城的四郊,所有的十字路口都被一种可恶的方向仪所替代,这比传统的十字路口要更加危险。有什么东西能比两条道路交叉在一起更美。还有什么比两条道路相互缠绕而又相互躲避更为滑稽可笑,它们强迫使用者面对过剩的无用信号。时尚技术的愚蠢:两条道路相交而又互不接触——这是立交桥的哲学。在人类那里,这就叫作交通。

一旦有人到来,安静就会形成,就像在乡下走路时那样,蝗虫会神秘地安静下来。安静的区域就像一只眼睛随着人移动,一旦他过去之后,蝗虫的尖叫声又会响起来。在这个区域里,命运也不再进入,一切都很安静,激情也熄灭了,但这却是测量世界的尖叫声最理想的地方。

每个活动周期的结束,受难或享乐周期的结束,都要被一种象征性的手淫所认可。一种神话的祭品去封存一个事件,享受的眨眼,最后的快活。对社会而言也是如此,一个周期的结束也是以象征性的手淫而告终,它稍稍先于真正的忧愁。这对我们来说就是社会主义。

从打字机上撕下他那页纸的著名举动,作家或记者通过打字机,与亮剑的西方英雄一比雌雄。

对于"美国",只有一个办法:鉴于一定数量的片段、记录和叙事是在一定时间里收集的,那就应该有一种办法将它们全部合并,包括那些最为普通的材料;既不用加法也不用减法,将它们合并到一种必要的整体中,这种必要性本身也会以水印的形式处处留意这些收集的材料。让我们作个假设,认为这些材料是唯一的也是最好的材料,因为这些材料是根据相同的思维秘密地整理的,也因为根据相同紊念而思考过的任何东西都具有一定的意义,而且对它的重建肯定有一个解决办法。工作将从这种肯定性开始,即一切都已经就绪,只需拿到开门的钥匙即可。

信息可以告诉我们一切。它拥有所有的答案。但这是一些我们还没有提出的问题的答案,甚至这是一些不成问题的问题。

因为需要掌握政权的人以避免我们行使权力时的卑贱,所以也需要博学的人以避免我们在知识方面的卑贱。

癌症就像恐怖主义一样占据了分形的区域。它们产生于这些地区,人烟荒芜,强度缩减,遭到废弃。然而,身体和社会如今都成了荒芜的区域。

火车事故造成了四十二人死亡,该车司机则承认他记录到了信号,他甚至还把信号记录在了黑匣子里,但是他并没有减速。这是条件反射的记录,却没有产生效果。对符号的自动反应,但没有对内容作出反应。大脑和机器的封闭回路。与黑匣子进行互动,而不和世界进行互动。这就是交通的深层逻辑——与符号接通,并且反馈符号,用符号回复符号,而不是用行动去回复。因此,正是交通的逻辑本身引起了这一类事故,而不是人类或组织的某种衰退所导致。

癌症：密码出错，自我紊乱，让无区别的细胞无限复制。信息的疾病。

艾滋病：免疫力（身体的秘密防卫）的消除。对亲密靠近、体液流出（精液、血液、唾液）、身体接触的紫念。交流的疾病。

假如这一切正好反映了一种野性而又本能的拒绝，即对交流、精液、性事、话语等流出的拒绝呢？假如那里正好有一种"本能的"和至关重要的抵抗，即对流出和回路的扩展的抵抗呢？——代价是要建立一种新型的死亡病理学，艾滋病和癌症，它们是否最终保护着我们免受某种更加严重的疾患的侵袭，至少它们给我们敲响了警钟呢？神经官能症正是人类发明的疾病，以保护自己免遭疯狂病的侵袭。

假设人们提前一个小时左右预测到墨西哥大地震，那么最为急迫的事情将是什么呢？疏散居民还是保证图像在世界的转播？在任何一位记者的下意识里，总是带着这样的想法，那就是在这种时机错过了灾难的最美图像。如果地震得到预报，谁会错过卫星转播呢？谁都不会。在意大利也是如此，1981年，媒体赶在救援之前到达现场。

人们甚至可以这么想，假定可以与灾难进行约会的话，一大批好奇者是否会立即聚集到墨西哥城。那些贪婪的时髦者可能会坐着包机蜂拥而至，取代那里的墨西哥人，而墨西哥人则会选择逃跑。

激发附和声，鞭打卷积云，摇晃病毒体，鼓励紧张感，健美体型，神化层云，协调课程，恐吓过程。①

我们正在进入一个高度死尸性的阶段，而我们的想象则远远赶不上趟。此时必须进行选择，要为自己准备一份个人的悼文。这是否就是世纪末的预感？

---

① 这里的八个名词在法语原文中都以"us"结尾，形成押韵的俳句。

如今的一切，一份报纸的发刊，一艘轮船的下水，一架商业上赔本的飞机的投入营运，一个公路网的开通，一种新型导弹的发射，或一个文化项目的推广，最终的理由是它们可以创造就业机会。这种毫无意义的论据本身就是我们的托词，我们最终的圣事，我们临终的圣油礼。

在花费的某个门槛之外，能量进入了过溶的状态。爱一旦经常地被重复，那就可以无限期地做下去。滞后效应是总体的，花费自我激发，不再有节约的原则。在《超雄性》①的十人自行车中，人们甚至使用了死者的能量，尸体继续踩着自行车向前走。他甚至踩得比活人更有劲，因为他已经不再有生活问题了。这是死亡的冲动，它通过惯性定律，大大增加了驱动和色情的效果。

---

① 《超雄性》(*Le Surmâle*)，法国作家阿尔弗雷德·雅里（Alfred Jarry, 1873—1907）的一部作品，发表于 1902 年。

在飞机上,在降落前:"女士们、先生们,请注意你们的无意识!"

在一个晚上的时间里,爱上歌剧院乐队那个弹竖琴的姑娘,她穿着袒胸露背的上衣,戴着金项链。她的眼睑和睫毛、纤手和目光的表演比贝里奥①过分做作的舞台艺术更加吸引我。无论如何,音乐家要比演员们更加美丽。他们的点滴快乐,他们的秘密交谈,他们在乐池中的模仿手势,所有这一切都比在舞台上表演的滑稽戏剧要更加真实。

任何东西都不能与大饭店的钢琴演奏者的孤独相比。在他的周围,只有鸡尾酒会和社交活动的喧闹声,而他呢,弹着他的乐曲,比在一个岛屿上还孤独。然而在某一时刻,当他突然停下来时,人们就给他鼓掌了。人们会有一种双重惊讶:这个音乐竟然还有结束的时候,而且人们在听着吗?他在演奏着什么,而且他没有白白地演奏吧?他自己好像

---

① 贝里奥(Luciano Berio, 1925—2003),意大利先锋派作曲家、指挥家、音乐教育家,被誉为西方现代音乐大师。

也感到愕然。不过他心里明白,掌声仅仅是因为音乐停止了才爆发出来,而这些疯狂的人们只是意识到了音乐的停止,就像他们意识到糖块在他们杯子里溶化一样。所以他就像秃头歌女①那样,赶快又重新弹奏他的乐曲。

替罪羊不再是从前那样。它已经不再是人们穷追的对象,它现在成了人们悲叹的对象(人权、持不同政见者、第二代阿拉伯侨民,等等)。不过它仍然是替罪羊,而且始终是同一个替罪羊。

一旦有了办法,那就不再是真正的问题。
一旦有了答案,那就不再是真正的提问。
因为问题属于解决办法的一部分,而答案也属于提问的一部分。
而现在只有解决办法而没有问题,只有答案而没有提问。
幸福的时光就是那一刻,即我们只有提问而没

---

① "秃头歌女"(la cantatrice chauve),法国荒诞派戏剧家尤涅斯库(Eugène Ionesco, 1909—1994)剧本《秃头歌女》(1950)中的主人公。

有答案,只有问题而没有解决办法!

人权、不同政见、反种族主义、SOS、SOS,这是一些温和的意识形态,随意①的意识形态,post coitum historicum,②在纵欲狂欢之后,③它们适用于这个容易生活的一代,这一代人没有经历过强烈的意识形态,也没有见过激进的哲学。这是一代人的意识形态,在政治上也是新情感的意识形态,它重新发现了利他主义、亲和共生、国际性的慈善和个人的颤抖。感情流露、团结一致、全球性的激动性、多媒体的悲怆:所有这些软性价值都被尼采和马克思-弗洛伊德(同样也有兰波、雅里和情境主义者)的时代无情地拒绝。新的一代,被危机宠坏的孩子们的一代,而前面一代却是被历史诅咒的孩子们的一代。

这些浪漫的、社交的、专横的和多愁善感的年轻人,他们重新找到了心灵的诗意散文,同时也找到了商业的道路。因为他们是新兴企业家的同代人,他们自己才是大众传媒的神奇动物。超验的和

---

① "随意",原文为英文"easy"。
② 拉丁语,意为"在历史的性交后"。
③ "在纵欲狂欢之后",原文为英文"after the orgy"。

广告的理想主义。靠近金钱,跟随时尚运动,谋求成功型职业,总之所有被艰难的几代人所唾弃的东西。一种软的非道德性,一种最粗俗定义的感官享受。这也是软的雄心:即一切都已经获得成功的一代,已经拥有一切的一代,轻松地运用团结的一代,他们不再带有阶级不幸的疤痕。他们是欧洲的雅皮士①。

    生存的名册
    存在的设计
    钥匙在手的死亡
    并非无限:而是指数

接近世纪之末,我们整个的文化就像进入了冬季的苍蝇。由于失去了敏捷,它们变得喜欢梦想,而且很疯狂,它们在寒冷的第一批晨雾里,在玻璃窗上缓慢地飞转。它们在作最后的梳妆,它们那布满眼状斑的眼睛在翻白,它们自己沿着窗帘掉到

---

① 雅皮士(Yuppies),20 世纪 80 年代在美国出现的一个群体。主要指那些受过高等教育的年轻人,他们住在大城市里,有专业性的工作,生活富裕而时尚。

地上。

面对镜头,人的愿望就是让自己固定不动,这是出于自卫的条件反射。但当人们拍照时,在镜头的另一边也是如此:摄影者一动不动,他在短暂的时间里让自己空无一物,以便突然抓住客体。

思想的软化与开诚布公的意识形态一起开始:新哲学家①。这种软化又与新浪漫主义②一道继续。然后便是普通意义上的哲学复兴运动。再后来便是对新事业和新事务的满足感。新自由主义的社会"自然主义"。到处都恢复着一些提拉的价值,一种激动人心的活力,一种幼稚的虔诚,爱情又从中愉快地重新露面。在人类种群处于最大规模的分散之际,这是一个团体用来团结队伍的最佳方法。

---

① 新哲学家(Nouveaux philosophes),指法国新哲学运动的成员,包括 20 世纪 70 年代中期开创这一流派的贝尔纳-亨利·列维(Bernard-Henri Lévy)以及让-保罗·多莱(Jean-Paul Dollé)与安德烈·格吕克斯曼(André Glucksmann)等。
② 新浪漫主义(Nouveaux Romantiques),指 20 世纪 70 年代末至 80 年代初英国音乐及时尚等领域的流行文化风潮。

季诺维也夫既细腻又很懂诡辩,他没有把西方知识分子放在眼里。他知道在铁幕的另一边,那沉重而又难以理喻的现实比我们辩证的和互动的过程更有意思。他从愚蠢的力量中获得了讥讽的力量。如果我们没有战胜这种愚蠢——他大体上这么说——也不会是你们去超越它。他说得非常有道理。或者还可以说,你们绝对是落后于我们了,因为我们已经经历了最糟糕的事情,而你们只能在今后再见识它。对此我们无话可说。持不同政见者?对于萨哈罗夫①的情况,季诺维也夫说,西方世界和东方世界是一样的得益者,也同样应该对这种令人痛心的情形负责。你们没有任何机会让我们改变信仰,因为我们已经处在更先进的形式之中,这是灾难之后的社会形式,是存活的形式。你们还处在生活中,而我们已经处在存活中。无论如何,你们的社会是人为的社会:这种社会不惜一切代价维持着一些幻想,而我们已经得出了这些幻想的结果。不要指望共产主义会有什么演变,正是你们在

---

① 萨哈罗夫(Andrei Sakharov,1921—1989),前苏联著名科学家,政治活动家。1975年获得诺贝尔和平奖,为20世纪80年代苏联主要持不同政见者之一。

渐渐走上与我们相同的道路,你们在很多方面已经与我们非常相似。

西方是否希望苏联集团的聚合、自由化和解体呢?一点也不是。西方在这里有可能会失去为其充当意识形态的东西:即敌对阵营的存在,它与这个阵营在结构上是紧密相连的。这个冰川阵营的融化通过它无休止的扩散,有可能破坏整个防卫体系和西方价值体系的轮廓。确切地说,正像冰块的融化可能改变海洋的水位,淹没住人的大陆,直到只剩下对这些大陆边界的记忆。如果整个苏联阵营在人权的热量中融化,那么这对西方来说将造成莫大的灾难,与两极冰川融化所造成的灾难不相上下,或像当年苏联的黄金储蓄在世界市场上泛滥所引起的灾难一样。从这时起,谈论社会主义的地狱能顶什么用呢? 社会主义恰恰拥有我们所需的地狱般的品质,以维持我们这个天堂般天地的假象。如果说它本身并不正确,但它在世界平衡的结构中和我们自身价值体系的存活中所扮演的角色却完全得到证明。以任何一个抱有任何目的人的眼光来看,我们的价值体系本身就没有绝对的价值(没有任何一个客观的神灵能证明西方阵营的人类优越性高于东方阵营),它们在天堂和地狱之间这种受调节的对立中只有一种相对的价值。

我们有点像19世纪"崇高的"工人的等同物:选择的形势、区别的性格、美德、哲学的恶魔、危急的手工业的恶魔、对工业命运的俨然漠不关心。

在人们清除了人权的问题以后,就会看到出现一种对自由缺失的相对偏爱,无论是在东方还是西方,也不管是在南方还是北方,这都一样。那时人们将面临真正的问题。季诺维也夫在考虑这种事物状态时是个自相矛盾的思想家。要实现社会模式又脱离不了受奴役,在天堂与地狱之间没有差别。

克里斯托①的艺术是在穿衣中找到一种色情和

---

① 克里斯托(Christo Javacheff,1935—),保加利亚出生的美国艺术家,擅长民族风情和环境艺术画作。

美学的品质,然而很长时间以来,我们已经习惯于一种脱衣美学的粗俗性。低劣的广告在赞美事物时,是将它们变得可见,甚至变得太明显,而克里斯托在赞美一种形式的时候是将其隐蔽起来。他给这种形式做着迷一般的广告,与波德莱尔①的高雅一脉相承:真正的艺术家是那些赋予商品一种英雄身份的人,而庸俗市侩在广告中只知道赋予商品一种情感的身份。

包装地面,覆盖地面,就是给城市和街道提供一种内部空间的魅力,一种母亲般的公共空间的魅力,如同某些意大利城市的空间那样。尤其是九月份那温热而暗淡的太阳,它与总体的朦胧书法完全相对应。

众多的拟像如今已被处处当作现实的版本来接受:既有拟像,也有拟真。此外,这种知识分子的和上流社会的版本的普及推广是最糟糕的普及:一切都成了符号,符号废除了现实,不一而足。十年前,谁会说符号有可能这么快就陷入尽是生硬套话

---

① 波德莱尔(Charles Beaudelaire, 1821—1867),法国诗人。作品有《巴黎的忧郁》、《恶之花》等。

的政治语言中呢？例如"无产阶级"、"辩证法"、"无意识"等,这一切甚至都不会跨过 2000 年。

这是先天性弱智者在部长和明星们的超上流社会的花坛前表演的风暴。肯尼迪基金会。所有莎士比亚式的先天弱智者明天都将受到教皇的接见。一个社会与其最糟糕的垃圾的调情。在这样的场合中,谁是先天弱智者呢？

富人永远不会给你任何东西(据 A 君所言)。财富是无情的,它总是会亲吻你。那些在智慧上、权力上和美貌上富有的人,他们不会给你更多的礼物。相反,他们会让你加倍付款,因为他们的资产只是象征的资产。

试比较一下巴托利女伯爵[①]与财富那无情的面孔,这位女伯爵杀死了许多年轻的农民姑娘。她自己至少也被判了刑,活生生地被囚禁在完全黑暗的

---

① 伊丽莎白·巴托利(Elizabeth Bathory, 1560—1614),匈牙利女贵族,以残忍暴虐著称。她杀死了很多年轻女性,喝她们的血并用血沐浴,以保持美貌和长寿,最终获罪判刑。

地方,在绝对的寂静中,在她自己的排泄物中,食物也是从墙壁的一个洞里送进去。她先前的血的沐浴给了她野蛮的能量,让她在黑暗中坚持了两年时间。

在罗马的小街上散步时,可以想想这个温暖的时期。这里也一样,一切都充满着深深的乱伦罪过,不过其形式与伊丽莎白·巴托利的不同。对巴托利来说,所有那些农村姑娘都是她的女儿,她用她们的鲜血来确定乱伦行为。性虐待狂的乱伦,暴力的乱伦,而整个罗马文化施行的就是一种精神乱伦,而且是温和地进行的。它与拜物教相近:对妈妈、姐妹、青少年、圣母及圣人的拜物教,这一切在同一个乱伦的螺旋体中急速旋转。细节的肉体性完美,大理石的肉体性柔软,喷泉的淫秽性透明,小巷深处的广场的中心,还有喷泉里那流淌着的水。一种毫无缺陷的城市性的奇迹,一种完全的城市礼仪的奇迹,甚至包括遗迹礼仪的奇迹。在意大利,如果追溯到最为古老的时代,从未有过自然之物,而只有一种怪异的(巴洛克)形象。

理想女人就像理想城市①。纯净而又荒凉的形式,带着些许嫉妒;这嫉妒来自清新的黑暗,但是毫无意义,从黑暗中逃逸出几株绿色的植物,有时还有一件寓意的内衣。

曾经有过一些境况,在这种境况中,两性似乎最终要彻底相互分离,或出于崇高,或因为贞节,抑或像今天这样,是因为差别的摇摆不定。罗马帝国的终结,中世纪的终结。世界末日的气氛,千禧年的气氛让两性疯狂地接近,或让两性无法挽回地分开。

对一个女人来说,诱惑就在于溜进一个无人占用的地方,在那里,她那理想的体形已经由先于她的所有女性勾画好了。对一个女人来说,诱惑是某种动物种类的行为,所有女人都是诱惑行为的同谋,哪怕是一丝丝的诱惑,她们相互都是这样。存

---

① "理想城市"(Città Ideale),城市规划学上的一个概念,是城址选择、城市形态和规划布局等方面的理想方案,也可以说是乌托邦思想在智识和物质上的体现。

在一种女性的诱惑链。而男人呢,他重新面临一项沉重的任务:通过每个女性来勇敢面对所有其他女人的形象,面对其他女人的同谋的评判。游戏是不对等的,而且人们也懂得,在这里风险将越来越小。无论如何,女性始终保留着诱惑的迷人的部分(女性诱惑者),而男人总是要面临有点可笑的部分(男性诱惑者)。然而,男人很难进入以性为对象的游戏,也就是说很难模拟女人性。因为不存在男性诱惑链。就可欲望对象和种类而言,进入与其他男人的同谋关系,就像那些女性在她们之间所做的那样,这是不可能的。没有一个秘密协定能在男人的举动中保护男性。

世界末日的那天,将不会有任何人,就像创世之初没有任何人一样。这是一起轰动事件。对人类来说,这样一种轰动事件完全能够加速世界末日的到来,或以集体形式,或是出于气恼,并且采用各种办法,其简单目的就是为了享受这个景观。

在第五大道,知识分子之间举行的小型部族仪式,以便讨论世界的末日。恰好在纽约,在这个世界末日的震中讨论这个问题,这似乎是一个绝妙的想法。但仔细思考一下,这么做没有任何意义,因为纽约已经是世界的末日,以微缩的形式思考世界末日没有任何意义,因为这个微缩的剧本必然比它的模型更为低级。除非确实需要有挽救世界末日的这个想法,以对抗它的真实事件——这便是知识分子通常的工作。

"挑战者"号航天飞机,切尔诺贝利核电站:唯一幸运的事故,就像图像上系统的停止。正像照片记录了这次活动,并且还给它曾经丢失的难以忘记的特征那样,"挑战者"号的爆炸复活了空间的想象。挑战者号的照片之所以这么壮观,那是因为它们固定了空间探险的秘密命运,而这种空间探险的速度只能给我们提供表象的运动。

从反犹大屠杀到全息照片:一个美丽的计划。

人们只能在强烈光线下,在透明度高的日子,或者在铅灰色的天气下才能拍出好照片。色彩会在这两种情况下显现出来,或是耀眼的光线,或是渐渐地消隐。同样,人们只能在完全的彻悟中或在深深的忧郁中才能写出好文章。

我沿着一条积雪的道路,抵达似乎是一座城堡的地方。我所进入的房间里,到处都覆盖着好几厘米厚的雪,甚至连家具和天花板上都有积雪。通过窗户,色彩强烈的广告在发光,有紫色的,有蓝色和红色的,也有荧光的。我悄悄地在这些偌大的房间里巡视着。过去我曾经在这里生活过。有些说话声在靠近,我感到有点尴尬,因为这是一些重要的人物,而且没有什么能为我的到场作证明。然而他们的声音突然变了质,他们的目光也改变了,他们突然变成了极度的低能儿。城堡成了一个避难所,此外还有一个女护士躺在一张桌子上,就在列柱长廊里。我清醒了过来,但还有这样一个清晰的印象,我自己曾经发过疯,就在这里,那是在我前世的经历中。

雌性的笑声

雌性的沙哑笑声的幽灵

一个患白化病的女观众的间歇性笑声

一个女性观众的透明的性器官

第五大道的世界末日

溃变的瘙痒

瘙痒的溃变

本体论的瘘管　无稽之谈

不洁的嘴唇　　纯洁的嘴唇

临终的伦理。

有人可能会反对这一点,即我们将能够借助望远镜去观看世界的起源,那大型的望远镜可以让我们从星云到类星体射电源,去追溯宇宙起源时大爆炸的过程。起源的痕迹总是在那里,在空间里,只须追溯它的演变过程。不过,这些痕迹正在未来中离我们越来越远。与世界起源同时代的宇宙碎片形成的那个天际,我们永远也无法达到那里。所以对我们来说,起源从未发生过。因此也就不会有结束,因为唯一的结束就是和起源重新相连。

今天是星期一,一旦写完了所有的文章,回复了所有邮件(终于完了!)通过了论文,甩开了美国①——今天是十年来的第一次,也许是二十年来第一次,我发觉我不再有任何事情要做了。没有任何计划,没有任何束缚。所有悬而未决的事情都已经解决,今后可能突然发生的事,从某种意义上讲,将会是一种额外的生存,它通过这个轻松的时刻、空洞的时刻、这个惊讶与松口气的时刻与前一个生活分离开来——这或许是唯一的时刻,应该顺便向它致敬,为了它的荣誉,我将遵守一分钟的安静。

犬儒式的疗法②(Cynécure),寻找犬儒式的疗法(在我的体感的变节中,就像谢阁兰③所说的那样)。安息日的形式。

我们青少年的斯多葛禁欲的梦想,即接受派

---

① 同名著作《美国》(Amérique),是波德里亚分析美国社会与文化的一部作品,以片段式方法写就,初版于1986年。
② 犬儒式的疗法(Cynécure),指犬儒主义式愤世妒俗地对待世事的方法。
③ 谢阁兰(Victor Segalen, 1878—1919),法国诗人。曾经到过中国,并且著有作品《碑》、《天子》、《中国书简》等。

遭,突然在成熟的年龄中得以实现。我现在被派遣到一个研究机构中,去寻找彩虹的七彩颜色。

人们从来没有让城市安宁过,城市总是处在施工中。挖的挖,拆的拆,建的建。变节、修正。也许只有加利福尼亚的某些地方,因为家中的豪华和近郊的舒适已经完全处于麻醉状态,似乎在最终的气氛中休息着,从而幸免于永无休止的解构。我们的身体也总是处于施工中,总是忧心忡忡,受尽折磨,不断革新。从来得不到休息,从来没有宁静。心灵的平和,无法在里面多待几个小时。急躁总是占着上风。平静,每个人都渴望它,但是如今只能以一种可笑的方式去向往,那是沉思的心灵的最后时刻所经过的地方。在乡村,总是有一只狗在吠叫。而不育症是遗传性的。

有一些事物是人们不能再说的,或者说还不能再说它们。它们的幽灵还没有稳定下来。是马克思主义吗?

还有一些其他的事物人们还不能说,或者说已不能再说,因为它们的幽灵已经在大街小巷游荡,它们的影子走在它们前面。信息,交流?

人们只能较好地谈论那些正在消失的东西。马克思那里谈论的是阶级斗争、辩证法,福柯那里谈论的是权力、性爱。分析本身也在为加速它们的消亡而作出贡献。

像爬行动物那样溜进精神的地毯

零度的精神状态

像瘫痪的狗那样匍匐前进

爬向咆哮的大海

像政治的地下墓穴的最后占据者,

政治上很甜美

形而上学上很苗条

亡灵的对话　重大的庆祝礼仪　最终的圣油礼

世纪末的纯粹悼词

奢华的宁静

现实的光谱

无条件的废物[①]

加利福尼亚不再是从前那个样子

罗马也同样不再是从前那个样子

再也没有过去的皇城

再也没有疯狂的社会

去哪里呢?

柏林　温哥华　撒马尔罕?①

---

① 撒马尔罕(Samarkande),乌兹别克斯坦第二大城市,有 2500 多年历史,是中亚地区最古老的城市之一。在突厥语里,它是"富裕之地"的意思,这是因为在古代,这里不仅是印度、波斯、突厥商旅交汇的要地,更是丝绸之路的必经之地。因此在经济和军事上,它都具有非常重要的意义。

本日记是一个巧妙的懒惰模具。